MARY EBERSTADT

As falsas promessas da Revolução Sexual

TRADUÇÃO
Igor Barbosa

QUADRANTE

QUADRANTE EDITORA
Rua Bernardo da Veiga, 47 | Tel.: 3873-2270
CEP 01252-020 | São Paulo - SP
atendimento@quadrante.com.br
www.quadrante.com.br

Direção geral
Renata Ferlin Sugai

Direção de aquisição
Hugo Langone

Direção editorial
Felipe Denardi

Produção editorial
Juliana Amato
Gabriela Haeitmann
Karine Santos
Ronaldo Vasconcelos

Capa
Gabriela Haeitmann

Diagramação
Sérgio Ramalho

Título original: *Adam and Eve after Pill — Revisited*
Edição: 2ª

Dados Internacionais de Catalogação na Publicação (CIP)

Eberstadt, Mary
As falsas promessas da Revolução Sexual / Mary Eberstadt – 2ª ed. – São Paulo: Quadrante Editora, 2025.

ISBN: 978-85-7465-820-9

1. Comportamento sexual 2. Ética sexual 3. Revolução - Sexualidade 4. Sexo - Aspectos sociais I. Título

CDD-306.7

Índices para catálogo sistemático:
1. Comportamento sexual : Sociologia 306.7

MARY
EBERSTADT
AS FALSAS
PROMESSAS DA
REVOLUÇÃO
SEXUAL

Sumário

Prefácio

Em 1868, Matthew Arnold escreveu o belo poema "Praia de Dover", ao qual dedicou dois temas: o primeiro, o declínio da fé. De lá para cá, o mundo sofreu drásticas mudanças. Os impérios britânico e francês não existem mais; os Estados Unidos são a única superpotência, que em breve será alcançada por um ressurgente e agressivo Império do Meio, a República Popular da China. O comunismo e o nazismo, duas das principais forças mais hostis ao cristianismo (e a qualquer tipo de fé), foram derrotados. Os padrões de vida, educação, saúde, deslocamento, longevidade e escolarização melhoraram radicalmente. Temos bombas nucleares e poder nuclear. O centro do mundo encontra-se no Oceano Pacífico, não no Atlântico. Como a nossa fé tem lidado com essas mudanças?

Aqueles de nós que pertencem ao mundo anglófono precisam reconhecer um novo desdobramento na história católica, porque alguns dos melhores comentaristas nos âmbitos da fé e da vida moderna nos dias de hoje escrevem em inglês. Pode-se argumentar que isso é apenas a continuação de uma tradição estabelecida pelo nosso santo John Henry Newman e levada adiante por Chesterton, Belloc, C. S. Lewis e o capelão de Oxford Monsenhor Ronald Knox. A maravilhosa contribuição de Tolkien permanece paralela a isso, mas atualmente somos abençoados com escritores cujas contribuições são essenciais para a identificarmos ao lugar da comunidade católica nos pântanos e turbilhões de nossa prosperidade frenética. A ascensão anglófona também pode ser explicada pelo fato que gigantes teológicos da Europa continental nos tempos do Concílio Vaticano II, como Yves Marie-Joseph Congar, OP, Karl Rahner, SJ, Hans Urs von Balthasar, Henri de Lubac, SJ, Jean Daniélou, SJ, e Edward Schillebeeckx, OP, não estão mais entre nós, e também não encontraram substitutos à altura.

No entanto, temos hoje George Weigel, dos Estados Unidos; Padre Raymond de Souza, do Canadá; Ross Douthat, no jornal *The New York Times*; Rod Dreher com sua Opção Beneditina, e Mary Eberstadt, também dos Estados Unidos, talvez a mais perspicaz dentre eles. Cheguei a recomendar especificamente seu livro, maravilhosamente intitulado *Adão e Eva depois da pílula* (2012), que se propõe a explicar como a invenção da pílula anticoncepcional gerou uma revolução na vida cotidiana, com consequências tão impactantes quanto aquelas que se seguiram após o triunfo do marxismo-leninismo durante a Revolução Russa, em 1917. Tal afirmação, notável e controversa, delineia os desafios atuais com os quais nos confrontamos.

Eberstadt continua a sua investigação com um novo livro, dando continuidade à discussão do ponto de vista mais abrangente possível. *As falsas promessas da Revolução Sexual* olha para as consequências desse fenômeno em três grandes esferas: sociedades ocidentais, política e igrejas. Mais uma vez Eberstadt apresentou evidências empíricas essenciais para o seu argumento central: a atomização individual e o colapso familiar provocados pela revolução transformaram a política e a sociedade. E também feriram as igrejas em suas entranhas, às vezes de maneira fatal. Esse fato histórico, Eberstadt argumenta, deveria servir como a primeira das precauções, pois há a intenção, por parte de alguns membros da Igreja Católica, de replicar o mesmo experimento desastroso.

Recomendo, além dos capítulos, também o epílogo deste novo livro, intitulado "O que os fiéis devem fazer? A Cruz em meio ao caos", baseado em um discurso que a autora fez na Sociedade dos Cientistas Sociais Católicos em 2021. O capítulo começa com uma elucidação apreendida em uma entrevista que Evelyn Waugh deu a um jornal em 1930, na qual ele listava as razões de sua conversão ao catolicismo. Ele disse: "na atual fase da história europeia, a questão essencial não mais é entre o catolicismo, de um lado, e o protestantismo, do outro, mas entre o catolicismo e o caos".

O que me impressionou foi que Waugh via o caos como a alternativa em 1930, e Eberstadt adotou esse termo para descrever nossa situação nos dias de hoje. Eberstadt reconhece que o caos que Waugh rejeitava nos anos trinta, que consistia em "guerra, ruptura e uma estupenda carnificina" era diferente do nosso. De qualquer modo, muitos pilares sociais ainda permaneciam firmes, incluindo a família, essa maltratada instituição; "uma compreensão cristã da criação, da redenção e do sentido ainda prevalecia no Ocidente". Sob os papados de Pio XI nos anos trinta, e mais ainda do de Pio XII, a Doutrina Católica permaneceu "coerente e consistente" — principal razão da conversão de Waugh, embora o caos já tivesse começado a se instalar nas igrejas protestantes.

Por coincidência, recentemente reli o discurso de Templeton do russo Aleksander Soljenítsin, de 1983, no qual ele alertava sobre professores ateístas no Ocidente ensinando o povo a odiar sua própria sociedade. Eberstadt é especialmente contundente com relação à educação de elite nos Estados Unidos, que ela vê como "camuflada em um ninho pós-moderno durante décadas". Muitos daqueles que não acreditam na verdade "agora dirigem instituições encarregadas de discerni-la", ela afirma, observando ainda que, "se não há verdade, não há contradições". Além do caos familiar, psíquico, antropológico e intelectual, ela encontra seu último exemplo de caos contemporâneo na Igreja Católica no mundo ocidental, entre aqueles que querem transformar a Doutrina Católica e que são frequentemente hostis com quem salvaguarda e ensina a tradição. A autora vê tanto sentido na expressão "católicos pró-aborto" quanto na expressão "capelão ateu" e "ex-homem". Aqui, para ela, temos um "distintivo irracionalismo", uma exigência para que cancelemos Aristóteles e acreditemos em "A e não-A ao mesmo tempo".

Para um prelado cauteloso como eu, comprometido com a esperança de que o copo está meio cheio ao invés de quase vazio, essas alegações são intragáveis. Mas ao mesmo tempo em que posso apontar para muitos lugares onde essas alternativas extremas não estão florescendo, também não posso negar a lógica que afirma que tais forças estão em ação.

Como os dois livros de Eberstadt afirmam, a modernidade secular causa inúmeras formas de sofrimento que podemos aplacar quando entendemos suas verdadeiras origens. Também precisamos lembrar que Cristo curava os cegos, os aleijados, os doentes e os possuídos. Precisamos levar Sua cura aos outros. Eberstadt é explícita ao dizer que essa verdade não foi mencionada por muito tempo. O secularismo é uma cultura inferior, pequena de coração, que minimiza o sofrimento de modo que as vítimas não são reconhecidas como vítimas, mas como danos colaterais justificados. Compare isso ao coração do Senhor que vemos através dos Evangelhos, em suas respostas às vítimas de pecado e sofrimento. Esse é o coração que devemos ter.

Acredito que a atual geração de jovens intelectuais cristãos está sendo apresentada a uma oportunidade excepcional de dizer a verdade nesse vácuo, de dar voz àqueles que não podem falar, como Eberstadt aqui expressa. Mudanças de cenário só ocorrem quando muitas vozes apresentam os fatos, estimativas, argumentos e evidências sobre as causas e custos humanos da secularização ofensiva. O caos deve ser nomeado e ridicularizado, enquanto os cristãos continuam a demonstrar que não abandonarão aqueles que foram abandonados, oferecendo cura, amizade e a Boa-Nova do amor único e grandioso de Deus por nós.

Cardeal George Pell

Introdução

Em 2012, a editora Ignatius Press publicou um volume intitulado *Adão e Eva depois da pílula: os paradoxos da Revolução Sexual*. A tese do livro era direta: ao contrário da visão secularista e triunfalista dominante no mundo ocidental desde os anos sessenta, segundo a qual a Revolução foi uma bênção para a humanidade, as evidências têm aumentado ano após ano, década após década, a favor de um parecer contrário.

O outro veredito possível é que os benefícios obtidos pelas mulheres no mercado de trabalho remunerado têm de ser contrapostos com o simultâneo e contínuo desmembramento de instituições elementares, em uma escala jamais vista. As abundantes evidências sustentam que o inédito consumismo sexual de nossos tempos complicou as relações entre os sexos mais do que qualquer outra força desde que Eva aceitou a maçã. Esses resultados estão documentados através dos instrumentos da ciência social moderna, assim como na cultura popular e outros indicadores. E os impactos desse experimento recaiu com mais força sobre os ombros mais fracos — desde os nascituros sacrificados em seu nome às crianças e mulheres e homens cujas vidas continuam a ser lesionadas.

Dizer que esse resumo vai na contramão do discurso é um eufemismo. Como esperado, o livro foi profundamente discutido na mídia religiosa e simpatizante, porém, seu argumento foi ignorado na imprensa e no ambiente acadêmico seculares, embora sua leitura não exigisse nenhum tipo de pressuposição religiosa e apesar de apelar a todos os leitores independentemente de suas inclinações sectárias. Esse silêncio não foi um choque. A maior parte das obras publicadas por editoras religiosas são consideradas ilícitas fora dessas comunidades, especialmente as que questionam o monopólio implícito do secularismo sobre o bem comum.

Há, porém, outras consequências surpreendentes — em especial a reação emocional de alguns leitores, já que *Adão e Eva depois da pílula* não foi concebido nem executado como um livro de autoajuda. Não fazia apelos sentimentais. Embora seus argumentos fossem pouco ortodoxos para os dias de hoje, também não eram comoventes; e foram apresentados por meio de frios instrumentos de dados e lógica. Apesar do meu esforço em evitar que o leitor se entediasse mortalmente, não acreditei, e não acredito, que a prosa do livro tenha sido responsável pela força dessas reações.

Mas elas vieram com força. À medida que o livro foi ficando conhecido, primeiramente em inglês e depois em outras línguas, as provas da sua inesperada repercussão continuavam a acumular, não só através de *e-mails*, mas também nos círculos da vida real. Muitas vezes, depois de uma palestra sobre o livro, as pessoas na plateia demoravam-se e confidenciavam histórias pessoais difíceis sobre a degradação, sobre famílias e crianças perdidas para a *troika* da revolução: divórcio, pornografia, aborto.

Alguns exemplos: em resposta a um capítulo, um homem que havia vivido nas ruas, prostituindo-se, publicou na *internet* comentários extraordinários sobre como a permissividade pós-revolucionária quase o destruíra. Em outra ocasião, após uma palestra no Texas, uma mulher disse que meditar sobre a desordem atual a tinha encorajado a ter mais filhos (isso me foi confirmado por sua amiga, e elas tinham fotos para provar). Em um outro ano, depois de uma palestra em Ohio, uma jovem mulher apresentou-se para contar sobre a dor que havia sofrido quando criança por conta dos abusos sexuais aos quais foi submetida, e a sua consequente conversão ao cristianismo.

O que pensar desses testemunhos tão francos e inesperados, em resposta a uma apresentação de fatos? Juntando as peças do quebra-cabeça ao longo dos anos, três conclusões delinearam-se.

A primeira e mais óbvia é que essas histórias corroboravam a tese do livro: a desordem pós-anos sessenta estava produzindo todo tipo de vítimas, e seu sofrimento não só passava despercebido, como também não estava sendo validado nem discutido por uma cultura secularizada mergulhada em negação.

Olhando para trás, também fica claro que o livro atraiu alguns leitores com uma teoria diferente: a ideia de que a Revolução Sexual era *questionável*. Afinal de contas, desde os anos sessenta que os liberacionistas têm ancorado seus sucessos à suposta inevitabilidade da história. A sugestão do livro de que essas mesmas mudanças poderiam *não* ser permanentes soou para alguns como um avanço que já há muito tardava.

Uma terceira conclusão também se materializou em retrospectiva. Assim como à Rosencrantz e Guildenstern, *Adão e Eva depois da pílula* aventurou-se, sem querer, em um drama maior. A oposição ao livro implicitamente levantou uma questão para além de seus parâmetros: se o consenso secular podia ocultar os danos humanos em nome do progresso, que outras consequências críticas poderiam ainda estar ocultas?

Isso nos traz ao livro em questão. *As falsas promessas da Revolução Sexual* é tanto uma continuação do volume original quanto um novo argumento baseado nas pesquisas e escritos da década seguinte. Assim como o original, seu raciocínio foi trabalhado mais ou menos metodicamente em ensaios e outros estudos, alterado e atualizado conforme o necessário, tudo unido pela mesma motivação: o desejo de compreender empiricamente os frutos das sementes metamórficas plantadas na década de 1960.

A distinção entre os dois volumes é simples. *Adão e Eva depois da pílula* examinou aquilo que se poderia nomear como os efeitos *microscópicos* da revolução: as suas consequências em homens, mulheres e crianças individuais, incluindo a ecosfera moral transformada.[1] *As falsas promessas da Revolução Sexual* amplia o foco para avaliar as consequências *macroscópicas* da revolução: seus vastos efeitos devastadores na sociedade, na política e no próprio cristianismo.

O Capítulo 1 faz a ponte entre os dois volumes, resumindo o novo material pertinente ao subtítulo do primeiro livro: "Paradoxos da Revolução Sexual". O capítulo esboça cinco maneiras pelas quais a adoção do sexo contraceptivo acabou por ter consequências não só inesperadas como *opostas* ao que os revolucionários tinham previsto. Ao invés de reduzir as taxas de aborto, de nascimentos fora do casamento, de divórcio e de ausência da figura paterna, como prometido, a revolução acelerou todas essas coisas.

Assim como no primeiro livro, as provas não provêm da filosofia ou da teologia, mas das ciências sociais e das evidências empíricas relacionadas. Se formos sinceros, algumas mentes afiadas no seio das órbitas religiosas previram *sim* que o preço a ser pago pela revolução seria elevado (notavelmente na encíclica papal *Humanae Vitae*, de 1968). Com certa ironia, porém, coube a observadores mais interessados na ordem natural do que na sobrenatural analisar e reunir os fatos que sustentam essa tese.

Os capítulos 2 ao 4 reúnem reflexões sobre as questões macrocósmicas do livro: "O que a revolução esta fazendo com a sociedade?"

Uma resposta começa no Capítulo 2, que descreve um fenômeno que reprime diariamente o debate aberto em todo o Ocidente: "a nova intolerância", ou aquilo que mais tarde veio a ser chamado de "cultura do cancelamento". Trata-se

---

1 Por exemplo, aquele livro incluía dois capítulos sobre a "transvalidação de valores" pós-revolucionária que inverteu tabus anteriores — um examinando a pornografia onipresente e outro a migração dos pólos morais relativos à alimentação e ao sexo.

da "lenta e gradual marginalização e penalização dos fiéis praticamente nas portas das igrejas... em sociedades que são fortalezas históricas da liberdade política e religiosa".[2] Este capítulo ultrapassa o enfoque limitado na liberdade de expressão para defender um ponto de vista mais amplo: a intolerância atual aumenta a miséria humana através da sua interferência crescente nas boas obras, especialmente nos esforços cristãos para ajudar os pobres.

O Capítulo 3, "Da revolução ao dogma: a fé ardorosa do secularismo", explica que esta nova intolerância não é um incômodo passageiro, mas uma robusta fé quase-religiosa projetada para substituir o cristianismo. O seu dogma deriva da própria Revolução Sexual e foi concebido para protegê-la. Para compreender por que questões de liberdade religiosa surgem tão rápida e furiosamente nos dias de hoje, é fundamental entender este ponto. Um novo credo enraizado na rejeição do código moral cristão emergiu do secularismo, coeso e completo no gnosticismo, desde seus textos de fundação e fundadores aos seus equivalentes gnósticos dos santos e dos sacramentos, além de outras fúnebres pantomimas do cristianismo.

O Capítulo 4, "Os homens estão em guerra com Deus", olha para o calcanhar de Aquiles desse concorrente do cristianismo: a sua antropologia pereclitante. Aleksander Soljenítsin notou mais de uma vez que o século XX poderia ser reduzido a seis palavras: "Os homens se esqueceram de Deus". O século XXI pode ser resumido em sete: "Os homens estão em guerra com Deus", especificamente com relação à questão de quem é o dono da Criação.

Esse paradigma reordena o que parecem ser fenômenos sociais isolados em um todo interligado. A obsessão atual com a transgeneridade, por exemplo, é semelhante a outras tentativas, como o aborto e a eutanásia, de perverter a

2 Para uma análise mais profunda do aumento do sentimento anticristão e suas consequências para a liberdade religiosa, ver Mary Eberstadt, *It's Dangerous to Believe: Religious Freedom and Its Enemies*, Nova York, Harper, 2016.

ordem criada. A fúria contra a criação também é o sustentáculo subjacente da desestigmatização de quase todas as formas de expressão sexual (com exceção da pedofilia, ao menos por enquanto). Cada uma dessas rebeliões tem progredido de forma única, mas todas rejeitam a ideia de que possa haver limites morais para a reinvenção humana. Dadas as provas aqui apresentadas acerca dos traumas e problemas mentais entre os jovens — transgêneros e não —, a recusa em traçar limites confiáveis em torno de tais reinvenções não só é cega, como também está criando formas de sofrimento novas e inusitadas.

A parte seguinte aborda outra grande questão: "O que a revolução está fazendo com a política?"

O Capítulo 5, "Duas nações, revisitado", examina partes do registro acumulado pela ciência social de primeira linha. É uma reflexão baseada no discurso histórico proferido em 1997 por James Q. Wilson, antigo presidente da Associação Americana de Ciência Política e um dos mais reputados pensadores anglófonos de sua época. Wilson pega emprestada a imagem de 1887 das "duas nações" do Reino Unido, do antigo primeiro-ministro Benjamin Disraeli, divididas por linhas materiais, e argumenta que, no final do século XX, os Estados Unidos também se tornaram "duas nações": divididos não por diferenças materiais, mas por uma separação imaterial e essencial no que diz respeito à família, um parâmetro que atualmente supera o dinheiro, a classe social e até mesmo a raça como indicador confiável de melhores, ou piores, prognósticos.

O Capítulo 6, "Como a disparidade familiar afeta a liberdade do Ocidente", mostra como a combustão familiar projetou-se para além dos manuais de sociologia e para dentro da vida cotidiana. Em primeiro lugar, a nova religião secularista, cada vez mais inscrita nas leis e convenções morais ocidentais, não pode não entrar em choque com a liberdade religiosa. Em segundo lugar, as endêmicas desarticulações pós-revolucionárias causaram aquilo que se tornou a marca registrada de nossa época: a política identitária.[3] O declínio da família, aliado ao eclipse da religião organizada, com o qual está estreitamente relacionado, não mais permite que os indivíduos atomizados do mundo ocidental formulem uma resposta à eterna pergunta "Quem sou eu?" valendo-se dos modelos convencionais de família e fé.[4] O resultado é a atual luta desesperada para substitui-los por marcadores distintivos de identidade, por mais artificiais e inferiores, e por mais destrutivos que sejam para o indivíduo e para o país.

O Capítulo 7, "A fúria dos sem-pais", aplica essa teoria através da análise dos acontecimentos nos Estados Unidos no verão de 2020, quando os protestos contra a morte de George Floyd se converteram em mais de dez mil incidentes de "agitação" em todo o país, quinhentos dos quais se tornaram violentos. Essa explosão sem paralelos constitui mais uma prova da tese da Parte 3: como resumido ao fim do capítulo, a vida sem pai, Pai, e piedade filial não são as opções socialmente neutras que o liberalismo contemporâneo defende que sejam. O poço no qual todos os três desabaram é agora um perigo público.

A Parte 4 expõe mais uma pergunta: "O que a Revolução está fazendo com a Igreja?"

O Capítulo 8, "O fracasso do cristianismo *light*", detalha como o cristianismo tem desmoronado durante o último século porque seus membros dividiram-se em dois campos: um que espera acomodar a revolução — inteiramente ou em parte —, sem causar nenhum dano essencial à fé. E o outro, que já foi convencido pela História que tal experimento foi aplicado diversas vezes, e que em todas essas tentativas falharam. Esse capítulo perscruta os destroços das principais igrejas protestantes, incluindo a Comunhão Anglicana,

---

3 Esse tema foi desenvolvido em livro por Mary Eberstadt, *Primal Screams: How the Sexual Revolution Created Identity Politics*, West Conshohocken, PA, Templeton Press, 2018, com comentários de Rod Dreher, Mark Lilla e Peter Thiel.

4 A relação entre a fratura pós-revolucionária das igrejas e a concomitante fratura da família, que equivale a uma teoria alternativa do atual declínio do cristianismo nas nações desenvolvidas, é o tema de outro livro de Mary Eberstadt: *How the West Really Lost God: A New Theory of Secularization*, West Conshohocken, PA, Templeton Press, 2013.

devido aos seus crônicos fracassos em estabelecer uma Igreja "boazinha".

Um dos resultados foi a morte demográfica. O dogma suavizado tornou-se o novo Flautista de Hamelin, fazendo com que as crianças desaparecessem dos bancos das igrejas. Implicitamente foi estabelecido que os cristãos que apenas observam, imóveis — ou que ficam na cama aos domingos, assistindo ao Netflix — também estão servindo. Outro resultado foi a subversão da doutrina. Inicialmente, exceções limitadas são feitas para uma regra; depois, essas exceções deixam de ser limitadas e passam a ser a norma; por fim, a nova norma é santificada como teologicamente aceitável.

Em um momento de franca discussão sobre mudanças oficiais nos ensinamentos morais fundamentais da Igreja Católica, esse provavelmente é o capítulo mais exortativo do livro. A noção persistente de que misericórdia e normas morais são mutuamente exclusivos é refutada pelas evidências. Muitos filhos da revolução são infelizes hoje não pelo excesso de regras, mas pela falta delas. Normalizar convenções morais que trazem infelicidade não é misericórdia. É arriscar ser conivente com a enfermidade e subestima a necessidade universal de redenção.

O Capítulo 9, "O que causa a secularização?", passa do colapso doutrinal à realidade sociológica. Catalogando os problemas com as descrições convencionais de descristianização, o capítulo apresenta um relato alternativo: o desmantelamento de tantas famílias foi o que destruiu as escoras da Igreja.

O último capítulo deste novo livro, "O poder profético da *Humanae Vitae*", escrito por ocasião do quinquagésimo aniversário da encíclica, reforça uma afirmação fundamental de ambos os volumes. Os ensinamentos fundamentais que remontam aos dias da Igreja primitiva são involuntariamente corroborados na era pós-revolucionária — mesmo quando muitos católicos e outros cristãos continuam a esperar, contra a corrente, que uma Igreja "boazinha" venha um dia a ter êxito. O próprio legado tóxico *da revolução* é um tácito reconhecimento dos consolidados ensinamentos da Igreja sobre sexo e casamento — quer esse reconhecimento seja amplamente compreendido ou não.

O apêndice do livro, "O significado de Dobbs", reflete sobre o acontecimento jurídico mais transformador deste quase meio século desde a legalização de *Roe vs. Wade*: a decisão do Supremo Tribunal dos Estados Unidos no processo *Dobbs v. Organização da Saúde da Mulher de Jackson*, em 2022.

É praticamente impossível exagerar a importância da decisão do tribunal de que, contrariamente a quase cinquenta anos de falsa jurisprudência, a Constituição dos Estados Unidos não confere um "direito" de descartar o nascituro — e menos ainda um direito de abortar em qualquer momento de qualquer gravidez até o momento do nascimento, como os defensores do aborto têm exigido. Ao devolver a questão aos estados, a decisão não só desmantelou o obscuro raciocínio jurídico que permitiu que 63 milhões de abortos fossem cometidos desde 1973. Como explicado no apêndice, ela também sugere uma perspectiva tentadora: o reexame da Revolução Sexual já não é apenas um exercício de butique de vozes religiosas marginalizadas, mas uma correção social há muito esperada. Em outras palavras, *Dobbs* pode vir a ser exatamente aquilo que os seus detratores mais temem: o primeiro passo para o retrocesso de um experimento cruel ainda maior, agora despido de sua aura protetiva de predestinação.

Existem interpretações alternativas que propõem que o papel da Revolução Sexual na sociedade, na política e na Igreja tenha apenas sido acessório, e não substancial? Claro que existem.

Uma réplica comum, por exemplo, é que queixas sobre a dissolução social tornaram-se endêmicas. Isso é verdade.[5]

---

5 O intelectual progressista Mark Lilla, por exemplo, observou em sua resposta ao meu livro *Primal Screams* (2019) que "os conservadores são viciados em narrativas de declínio".

Mas essa observação isolada se esquiva dos méritos do argumento. Os leitores preocupados com a verdade devem antes perguntar: "Foi a revolução que provocou um declínio social generalizado? Ou não?". As provas apresentadas em *Adão e Eva depois da pílula*, bem como neste presente volume, podem não ser muito bem-vindas, mas nem por isso deixam de ser convincentes.

Outros críticos argumentam que a pornografia na *internet* foi responsável pela diminuição da atividade sexual e dos crimes sexuais, e a sociedade continua a progredir, ainda que aos trancos e barrancos. Em outras palavras, graças à obscenidade onipresente dos nossos dias, não há algum problema social a ser identificado aqui.[6] Essa é outra não-resposta à questão dos estragos realmente causados pela era pós-libertação sexual. Ela só funciona se nos omitirmos diante da criação distópica de jovens homens cronicamente atordoados, para os quais o amor e o romance tornaram-se inatingíveis por causa da pornografia.

Obviamente, não podemos deixar de mencionar que a terceira fonte de onde emana tanta relutância em chamar as coisas pelo nome é o medo. Medo de ser marginalizado, de perder os melhores lugares à mesa. De desistir de ser enturmado, em tempos em que não pertencer a certos grupos será certamente notado. As imposições da revolução nas vidas e lealdades hoje são tão gigantescas que uma negação instintiva faz sentido de um ponto de vista profundamente emocional. No entanto, sentido *lógico* continua sendo toda uma outra coisa.

Em suma, os críticos que alegam que a Revolução Sexual é meramente um epifenômeno têm de se confrontar com as contraprovas de ambos os livros. Isso é ainda mais obrigatório pelo fato de que novos brotos de investigação revisionista estão começando a irromper esse terreno

---

6 Ver, por exemplo, o artigo de Michael Castleman, "Evidence Mounts: More Porn, Less Sexual Assault", para o *Psychology Today*, 14 de janeiro de 2016.

pedregoso. O aparecimento dessas novas ideias afins provam que a disposição em realmente encarar os fatos têm crescido. Durante os anos que espaçaram o primeiro volume e este, o que antes era considerado indizível passou a poder ser proclamado.

Quando *Adão e Eva depois da pílula* apareceu pela primeira vez, há uma década, sua crítica antagônica encontrava-se muito distante da opinião predominante. Ainda se encontra. Mas hoje é assistida por outras leituras contraculturais de nossos tempos. Críticos novos e diversificados chegaram à conclusão de que é necessário olhar mais de perto para o *status quo*.

Dentre os tradicionalistas, na última década proliferaram livros e ensaios que desafiam a narrativa secular dominante.[7] De particular destaque foi um simpósio de referência realizado no dia 31 de maio de 2018, em Washington, D.C., intitulado "O momento #*MeToo*: repensando a Revolução Sexual". O simpósio contou com testemunhos de médicos, advogados, terapeutas e outros estudiosos.[8] Muitas proposições vieram de mulheres que se opõem especificamente à desumanização à qual a mulher teve de se submeter

7 Ver Helen M. Alvare, ed., *Breaking Through: Catholic Women Speak for Themselves*. Huntington, IN: Our Sunday Visitor, 2012; Mary Rice Hasson, *Promise and Challenge: Catholic Women Reflect on Feminism, Complementarity, and the Church*. Huntington, IN: Our Sunday Visitor, 2015; ver também Jennifer Roback Morse, *The Sexual State: How Elite Ideologies Are Destroying Lives and Why the Church Was Right All Along*, Gastonia, NC, TAN Books, 2018. Para uma análise acadêmica das raízes não libertárias [*nonliberationist*] do feminismo moderno e do sufrágio feminino, ver Erika Bachiochi, *The Rights of Women: Reclaiming a Lost Vision*. Notre Dame, IN, University of Notre Dame Press, 2021.

8 O simpósio foi co-patrocinado pelo Centro de Ética e Cultura da Universidade de Notre Dame, pelo Fórum das Mulheres Católicas no Centro de Ética e Políticas Públicas, pelo Centro de Informação Católica e pela Arquidiocese de Washington. Para relatos, ver, por exemplo, Susan Brinkdmann, "Women Rethink the Sexual Revolution", disponível em *Women of Grace*, 11 de junho de 2018, Charles C. Camosy, "The #MeToo Moment: Second Thoughts on the Sexual Revolution", disponível em *Crux*, 9 de junho de 2018; Emma Vinton Restuccia, "Women at Conference Speak Up about #MeToo Movement, Sexual Revolution", em *National Catholic Reporter*, 5 de junho de 2018; e Brandon Showalter, "#MeToo Illuminates Lies of Hedonism: Church Locked in 'Mortal Combat' with Sexual Revolution Scholar", em *Christian Post*, 6 de junho de 2018.

na narrativa da libertação.[9] Às suas análises juntaram-se outros comentaristas que também focavam nas transformações históricas que estão ocorrendo desde os anos sessenta.[10]

Da mesma forma, escritores estranhos ao ambiente religioso continuam a produzir análises compatíveis com a de *Adão e Eva depois da pílula*. No Reino Unido, França e Alemanha, três desses livros abriram caminho e tornaram-se objetos de vigorosas discussões.[11] A esses exemplos podemos acrescentar a abundante evidência literária na obra do romancista francês Michel Houellebecq, cujos homens e mulheres pós-modernos, enfraquecidos e desesperados, destacam-se como garotos-propaganda da contra-revolução atual.[12]

A atenção que agora se dá à vida *após* o liberalismo é também digna de nota.[13] O mero aparecimento desse tipo de proposição é outro sinal de transição.[14]

Há dez anos, por exemplo, a indiferença à pornografia era quase total, imposta por uma coalizão libertino-libertária

---

9 A teóloga Deborah Savage assim resume uma das principais linhas de pensamento: "A mentalidade contraceptiva que governa a nossa cultura é uma afronta à dignidade da mulher porque é uma declaração de que quem ela é, no seu próprio ser, não é desejada". "Reflections on the Revolution", disponível em *First Things*, outubro de 2018.

10 Ver Scott Yenor, *The Recovery of Family Life: Exposing the Limits of Modern Ideologies*, Waco, TX, Baylor University Press, 2021; Carl Trueman, *The Rise and Triumph of the Modern Self: Cultural Amnesia, Expressive Individualism, and the Road to Sexual Revolution*. Wheaton, IL, Crossway, 2020; Rod Dreher, *The Benedict Option: A Strategy for Christians in a Post-Christian Nation*, Nova York, NY, Sentinel, 2017, em especial o cap. 9, "Eros and the New Christian Counterculture". Para um vívido manifesto que capta essa corrente de pensamento em ascensão, ver também Jonathon Van Maren, "How to Be a Counter-Revolutionary", *European Conservative*, 17 de janeiro de 2022.

11 No Reino Unido, ver Louise Perry, *The Case Against the Sexual Revolution*. Cambridge, Polity, 2022. Para a França, ver Chantal Delsol, *La Fin de la Chrétienté*. Paris, França, CERF, 2021. Na Alemanha, ver Gabriele Kuby, *The Global Sexual Revolution: Destruction of Freedom in the Name of Freedom*. Brooklyn, NY, LifeSite/Angelico Press, 2015.

12 Houellebecq pode ainda vir a ser para essa última Revolução Industrial o que Charles Dickens foi para a primeira — o romancista que trouxe para a alta sociedade a compreensão de que as corrosivas provas empíricas exigiam reforma social.

13 Ver Scott Yenor, "Sexual Counter-Revolution", *First Things*, novembro de 2021.

14 Ver, por exemplo, Christine Emba, *Rethinking Sex: A Provocation*, Nova York, NY, Sentinel, 2022.

que efetivamente rejeitava qualquer crítica como retrógrada. Hoje, dentre aqueles que denunciam a pornografia, encontram-se não somente objetores de consciência religiosos, como também celebridades e outras testemunhas arrependidas do vício, bem como uma próspera indústria de autoajuda que confirma os danos de seu consumo.[15]

Além das novas ideias e do novo ativismo, uma outra novidade lança dúvidas sobre a insistência de que a doutrina relativa à revolução está "estabelecida". O movimento *#MeToo*, analisado em alguns capítulos deste livro, levantou a fascinante possibilidade de que não só os tradicionalistas, mas também os não-tradicionalistas e os anti-tradicionalistas, pudessem unir-se na compreensão de que homens e mulheres entraram em uma crise sistêmica e imprevista. O macabro teatro político das forças pró-aborto constitui uma prova tácita dessa conclusão. Assim como a crescente determinação de fechar centros pró-vida de suporte à gravidez, dando fim às fraldas gratuitas, ao enxoval, aos medicamentos, às ultrassonografias e a toda a assistência essencial às mulheres e seus bebês em condições de vulnerabilidade.[16] Quanto mais esse tipo de impiedade ficar visível, maior o número de pessoas que poderão finalmente começar a questionar a perspectiva de onde tudo isso provém.

Esses avanços colocam em risco o que antes parecia ser um consenso invicto daqueles que torcem para a ordem social irrestrita nascida há quase seis décadas. Tal consenso já não parece mais tão invicto assim. Denominar simplesmente "inevitável" o ajuste de contas que se desenrola atualmente seria soberba historicista. Contudo, não há dúvidas de que a sociedade está mais perto de poder questionar o liberalismo

---

15 Ver, por exemplo, Sarah Ditum, "Porn Will Destroy You", em *Unherd*, 22 de dezembro de 2021; e Herb Scribner, "6 Big-Time Celebrities Who Have Spoken Out Against Pornography", em *Deseret News*, 26 de setembro de 2016.

16 Para uma lista de exemplos nas semanas subsequentes a Dobbs, ver Nicole Ault, "The Attacks on Crisis Pregnancy Centers", em *Wall Street Journal*, 20 de junho de 2022.

do que em qualquer outro momento desde os anos sessenta. E por essa razão, para os pensadores (católicos e não) que desejam suavizar o cristianismo rejeitando certos ensinamentos, este não é o melhor momento para insistir em tal ponto de vista. Por que apoiar a infiltração revolucionária na Igreja, justo no momento em que um coro cada vez maior de vozes de todo o mundo começa a questionar os seus frutos tóxicos e a procurar alternativas fora da desordem?

Uma reavaliação acurada levará séculos. Enquanto isso, os analistas de hoje e de amanhã devem sentir-se consolados. Compreender os efeitos da libertação continua a ser um trabalho humanitário vital. As crises sociais, políticas e religiosas da atualidade não são percalços itinerantes no caminho de um progresso interminável. São, antes, manifestações de um retrocesso civilizacional. Como bem resume o epílogo:

> A nossa cultura secularizante não é uma cultura qualquer. Não, a nossa cultura secularizante é uma cultura inferior. É pequena de coração. Minimiza o sofrimento. Considera as vítimas das suas experiências sociais não como vítimas, mas como danos colaterais aceitáveis justificados por esses experimentos. Eis o segredo inconfesso do secularismo. É também a maior vulnerabilidade do secularismo.

Essa convicção levou à criação deste livro e do seu antecessor. Que as provas apresentadas informem tanto os crentes como os descrentes, e fortaleçam a determinação daqueles que estão cuidando dos feridos.

PARTE I

A repercussão continua

1

Mais paradoxos da Revolução Sexual

Comecemos com uma formulação abrangente e incontroversa. A "revolução" refere-se às mudanças no comportamento sexual e nos costumes morais após a adoção e aprovação de contraceptivos artificiais confiáveis no início da década de 1960. O primeiro acelerador foi a pílula anticoncepcional, aprovada pela FDA (Administração Federal de Alimentos e Medicamentos) em 1963 e amplamente difundida para a população a partir de então. O segundo acelerador foi a legalização do aborto sob demanda, em 1973, através do caso jurídico *Roe vs. Wade* — uma decisão que a aprovação da pílula tornou praticamente inevitável.

A contracepção moderna e o aborto legalizado mudaram não só o comportamento, mas também as atitudes. Em todo o mundo, a tolerância social ao sexo fora do casamento, sob várias formas, aumentou juntamente a essas outras mudanças, por razões tanto intuitivamente claras como também empiricamente verificáveis.[1]

Além da *internet*, é difícil citar algum outro fenômeno que, desde a década de 1960, tenha remodelado a raça humana em todo o planeta de forma mais profunda do que esta metamorfose. Nas décadas seguintes, o comunismo global, e com ele o marxismo-leninismo, desmoronaria sob a Revolução de Veludo. Em todo o mundo, diversas nações seriam assoladas por guerras, crises econômicas, terrorismo, agitação civil e violência, e uma pandemia

1 Cf. por exemplo, Mary Eberstadt, *Adão e Eva depois da pílula*, Quadrante, São Paulo, 2019, cap. 8.

global numa escala inédita em mais de um século. A *internet* mudaria para sempre a maneira como as pessoas compram, leem, socializam, namoram e se casam (ou não) e criam os filhos (ou não). Ainda assim, a Revolução Sexual permanece como uma incomparável força da modernidade na categoria das mudanças sistêmicas absolutas capazes de redefinir as topografias populacionais e nacionais em todo o planeta Terra.

Alguns dos seus efeitos sísmicos são bem conhecidos. Pela primeira vez na história, o controle da fertilidade feminina e o adiamento da fertilidade nivelaram as condições de concorrência entre mulheres e homens no mercado de trabalho. Hoje, há mais mulheres matriculadas no ensino superior do que homens, bem como graduadas. A separação entre procriação e recreação conferiu às filhas de Eva liberdades que elas nunca conheceram antes.[2]

Ao mesmo tempo, um outro lado da balança continua sendo ignorado por uma sociedade hipnotizada pelo sucesso profissional e pelo prazer *a la carte*. A cada ano que passa, acumulam-se provas de que os efeitos da contracepção generalizada se espalharam profundamente sob a superfície da vida, tornando instável o terreno em que pisam os homens e as mulheres modernos. Consideremos como prova cinco maneiras pelas quais a revolução reconfigurou a realidade preexistente — cinco aparentes paradoxos que indicam o seu poder e, em particular, o seu poder assombrosamente destrutivo.

Uma anedota ajuda a capturar em miniatura a escala dessa mudança. Cresci em uma série de aldeias e vilarejos espalhados pelo belo e complicado norte do estado de Nova York — para cima do vale do rio Hudson, a um planeta de

---

2 Para um relato encorajador, ver, por exemplo, Gail Collins, *When Everything Changed: The Amazing Journey of American Women from 1960 to the Present*, Nova York, Little, Brown and Company, 2009. Para uma crítica, veja Mary Eberstadt, "Hear Me Roar", *Claremont Review of Books* 10, n. 3 (verão de 2010). Para um argumento anterior e presciente contra a afirmação de que a libertação sexual aumentou a felicidade feminina, ver Midge Decter, *The New Chastity and Other Arguments against Women's Liberation*, Londres, Wildwood House, 1973.

distância da cidade de Nova York, na área antes conhecida como região do *Leatherstocking*, porque o autor James Fenimore Cooper situou seus clássicos romances de aventura americanos naquela zona fronteiriça. Ali era, e ainda é, uma zona rural e operária. Era o tipo de ambiente do qual, na década de 1960, saíram mais rapazes rumo ao Vietnã do que para a faculdade. Em muitos aspectos, os detalhes sociológicos da região permanecem os mesmos que eram na década de 1960 — com uma grande exceção: a família.

Na década de 1960, a maioria dos homens na área eram trabalhadores braçais, principalmente em empreendimentos agrícolas ou em usinas locais de cobre e prata. Muitas mulheres, quando casadas, trabalhavam em casa e não no mercado remunerado. A maioria das famílias nucleares ainda estava intacta, tanto as religiosas como as não-religiosas.[3] Também vale a pena saber que esta não era uma região particularmente devota. A maioria dos residentes eram protestantes tradicionais, menos de 10% eram católicos e as igrejas locais não lotavam aos domingos ou em qualquer outro dia.

Uma memória vívida da infância equivale a um vislumbre retrospectivo da transformação que a América estava prestes a sofrer. Em 1972, uma adolescente da rua em que morávamos engravidou. O pai do bebê era um jovem soldado que tinha acabado de voltar da guerra. As fofoqueiras da cidade ficaram em polvorosa quando constou que ele não planejava se casar com a garota. Naquela época, isso era impactante. Embora não fosse nada de mais ver noivas já grávidas, incluindo noivas grávidas adolescentes, um homem que não se casasse com sua namorada, grávida de um filho dele, seria considerado quase universalmente como um pária. De modo que as línguas da cidade se agitaram.

---

3 Durante todo o ensino fundamental, por exemplo, apenas uma aluna da minha série tinha sobrenome diferente do dos pais.

Por fim, essa menina deu à luz o bebê em outro lugar, seguindo-se a adoção da criança. Ela voltou para a região e concluiu o ensino médio sem estigma visível. Mas a reprovação que perdura na memória é a outra: o repúdio social do namorado. A ideia de que ele deveria ter assumido a responsabilidade, compartilhada pela maioria dos adultos daquela época e lugar, era palpável na pequena cidade então.

Hoje, no entanto, essa mesma convicção é tão estranha quanto a ideia de uma mãe solteira se mudar para ter um filho. Ambas as convenções, juntamente com outras sobre a família — e especialmente sobre as obrigações dos homens frente à família — há muito tempo desapareceram no ciclone da revolução.

Agora avancemos uns vinte anos. No início da década de 1990, voltei ao norte do estado de Nova York para uma visita e me encontrei com uma ex-professora do ensino médio. Ela estimou que entre os cerca de duzentos formandos daquele ano, cerca de um terço das meninas estavam grávidas. Nenhuma delas era casada. E sem dúvida havia outras gestações além das patentes. Do escândalo causado por uma gravidez numa escola pública rural, na década de 1970, até a ausência de escândalo frente a muitas gestações nessa mesma escola na década de 1990: eis um retrato instantâneo que mostra como o liberacionismo reconfigurou a América, e que também nos leva ao primeiro entre vários paradoxos sobre a mesma mudança cataclísmica.

Se a disponibilidade de métodos contraceptivos baratos e confiáveis foi o fundamento da revolução, o que justifica o aumento inaudito tanto de abortos como de gestações fora do casamento?

Esta é uma questão de profundos desdobramentos. Afinal de contas, quando a contracepção se proliferou, muitas pessoas de boa vontade defenderam-na precisamente por pensarem que ela tornaria o aborto algo obsoleto. Margaret Sanger é um exemplo disso. Embora as suas opiniões sobre o aborto pareçam ter variado, ela nunca deixou de defender a contracepção, alegando que esta poria o aborto fora do mercado.[4] Ela estava defendendo o que antes poderia parecer uma questão de bom senso: que o acesso à contracepção confiável impediria abortos. Muitas pessoas, tanto antes como depois da década de 1960, acreditaram em algo semelhante.

Mas os registos empíricos desde a década de 1960 anulam esta conjectura comum: as taxas de contracepção, aborto e nascimentos fora do casamento dispararam simultaneamente. Em 1996, um grupo de economistas, incluindo George A. Akerlof, vencedor do Prêmio Nobel, explicou com admirável clareza o sentido destas explosões concomitantes:

> Antes da Revolução Sexual, as mulheres tinham menos liberdade, mas esperava-se que os homens assumissem a responsabilidade pelo seu bem-estar. Hoje as mulheres têm mais liberdade de escolha, mas os homens deram-se direito a uma escolha análoga. "Se ela não está disposta a fazer um aborto ou a usar contraceptivos", o homem pode raciocinar, "por que é que eu deveria me sacrificar num casamento?". Ao fazer do nascimento da criança uma escolha física da mãe, a Revolução Sexual fez do casamento e da pensão alimentícia uma escolha social do pai.[5]

Em outras palavras, a contracepção levou a mais gestações e a mais abortos, porque corroeu o chamado casamento forçado — a ideia de que, em cada gravidez não planejada, a responsabilidade do homem é igual à da mulher, como na anedota mencionada anteriormente.

Outra teoria de por que a contracepção não conseguiu prevenir o aborto é apresentada por Scott Lloyd no *National Catholic Bioethics Quarterly.* Utilizando estudos e

---

4 "Ninguém pode duvidar que há momentos em que o aborto é justificável, mas eles se tornarão desnecessários uma vez que se tomem cuidados para prevenir a concepção. Esta é a única cura para o aborto". (Margaret Sanger, *Family Limitation,* 8ª ed. rev. [1918]), The Margaret Sanger Papers Project, Universidade de Nova York, https://sanger.hosting.nyu.edu/articles/ms_abortion/.

5 George A. Akerlof, Janet L. Yellen e Michael L. Katz, "An Analysis of Out-of-Wedlock Childbearing in the United States" (Uma análise da gravidez fora do casamento nos Estados Unidos), *Quarterly Journal of Economics* III, n. 2 (maio de 1996): 277-317.

estatísticas da própria indústria do aborto, ele (tal como outros) argumenta que a contracepção leva ao aborto — não de modo inevitável em cada caso individual, claro, mas repetida e previsivelmente, tratando-se de fenômenos sociais gêmeos:

> O resultado final é o seguinte: os contraceptivos não funcionam como se anuncia, e sua taxa de falha está no núcleo da demanda pelo aborto. A contracepção permite encontros e relacionamentos sexuais que, sem ela, não teriam acontecido. Em outras palavras, quando os casais usam contracepção, concordam em ter relações sexuais mesmo que uma gravidez seja um problema. Isso leva ao desejo de abortar.[6]

Compreender estes desdobramentos talvez contraintuitivos, em retrospectiva, é compreender o que a maioria das pessoas presentes na criação desta nova ordem não poderia saber — ou seja, até que ponto o seu otimismo se revelaria descabido. Agindo de boa fé, alguns esperavam que a humanidade dominasse estas novas tecnologias e que elas se revelassem bens sociais. Mas os homens e as mulheres que vivem hoje, pelo contrário, possuem uma abundância de evidências empíricas que comprovam o desenrolar de uma história diferente e mais sombria.

A Revolução Sexual deveria, em tese, libertar as mulheres. O segundo paradoxo é o fato de que hoje em dia, para elas, é mais difícil conseguir o que a maioria das mulheres diz querer: um casamento e uma família. Ainda hoje, entre as mulheres, os níveis de desejo por um lar e segurança permanecem praticamente inalterados em relação ao passado. Mulheres de todo o espectro político continuam a citar o casamento como uma prioridade acalentada,[7]

---

6 Scott Lloyd, "Can We Be Pro-Life and Pro-Contraception?" (Podemos ser pró-vida e pró-contracepção?), *National Catholic Bioethics Quarterly* 15, n. 2 (verão de 2015).

7 Ver "The vast majority of unmarried adults desire eventual marriage" (A grande maioria dos adultos solteiros desejam se casar um dia), Mark Regnerus *et al.*, *Relationships in America*, Austin, TX, Austin Institute for the Study of Family and Culture, 2014, 39.

e também concordam que casar e manter o vínculo para o resto da vida se tornou mais difícil do que era antes.[8] Esta é uma das razões pelas quais o recurso a barrigas de aluguel e o congelamento de óvulos humanos passou a ser coisa corriqueira — no caso do congelamento de óvulos, com o endosso entusiástico das empresas americanas, que muitas vezes financiam o procedimento para não interromper a produtividade financeira. O objetivo declarado destas inovações — para além dos lucros que advêm do carreirismo imortal — é ampliar o horizonte da fertilidade natural para que as mulheres desfrutem de mais opções e "tenham mais tempo" para encontrar maridos e família. Tal como a contracepção e o aborto sob demanda, diz-se que a mercantilização dos óvulos empodera as mulheres e lhes dá maior controle.

No entanto, paradoxalmente, muitas mulheres percebem-se, mais do que nunca, inaptas a se casar, manter o casamento e constituir família. Essa preocupação ecoa na mídia e nas redes sociais, em manchetes como "Oito razões pelas quais as mulheres de Nova York não conseguem um marido" (*New York Post*, 12 de março de 2014) ou "Por que as mulheres com formação universitária não conseguem encontrar o amor" (*Daily Beast*, 7 de setembro de 2015), e em outras preocupantes reportagens sobre o declínio das perspectivas conjugais.

A ciência social também lançou luz sobre a realidade por trás dessas apreensões. No seu livro *Cheap Sex: The Transformation of Men, Marriage, and Monogamy*, o sociólogo Mark Regnerus utiliza a economia para explicar o mercado sexual pós-revolução, auxiliado por um formidável histórico de dados recentes. A essência do seu argumento é a seguinte: "Para muitas mulheres, parece que os homens têm medo de compromisso. Mas os homens, em média, não

---

8 Veja, por exemplo, Erin Coulehan, "Here's Why Millennials Are Getting Married Later Than Ever" (É por isso que os Millenials estão se casando cada vez mais tarde), *Cosmopolitan*, 16 de fevereiro de 2016, https://www.cosmopolitan.com/sex-love/news/a53741/heres-why-were-getting-married-later-than-ever/.

têm medo de compromisso. O fato é que os homens estão no comando do mercado conjugal e estão numa posição ideal para navegar nesse mercado de uma forma que privilegie os seus interesses e preferências (sexuais).[9] Em outras palavras, a mesma força que tornou o casamento forçado algo obsoleto empoderou, em seguida, os homens — não as mulheres.

Um dos economistas citados por Mark Regnerus, Timothy Reichert, utilizou as ferramentas da econometria ao escrever uma semelhante análise da revolução, chamada "Pílula Amarga", na revista *First Things*.[10] Explorando dados da década de 1960 em diante, Reichert deduziu que "a revolução contraceptiva resultou numa imensa redistribuição de riqueza e poder, das mulheres e crianças para os homens". Ele especificou: "Mais tecnicamente, a contracepção artificial estabelece o que os economistas chamam de jogo do 'dilema do prisioneiro', no qual cada mulher é induzida a tomar decisões racionais que, em última análise, pioram a situação dela e de todas as mulheres".

Nessa corrente cultural dominante, o fato de muitos homens não se estabelecerem, não se casarem e não constituírem família é uma duradoura e inquietante preocupação. Por causa disso, na década de 1980 cunhou-se a expressão "síndrome de Peter Pan"; por isso "falha no lançamento" se tornou um conceito comum na década de 2000 em diante; e por isso "adultescente", "sojado" e outras difamações relacionadas tornaram-se verbetes no *Urban Dictionary*.

Estas adições ao vernáculo têm a mesma origem: menos incentivos para que os homens se casem, visto o mercado sexual inundado de parceiras possíveis — "sexo barato", como diz o título de Regnerus. Este resultado é mais um que não foi previsto pelas pessoas que aplaudiram a revolução na década de 1960. Há mais resultados da mesma ordem.

---

9 Mark Regnerus, *Cheap Sex: The Transformation of Men, Marriage, and Monogamy*, Nova York, Oxford University Press, 2017, p. 39.

10 Timothy Reichert, "Bitter Pill", *First Things*, maio de 2010, https://www.firstthings.com/article/2010/05/bitter-pill.

Um terceiro paradoxo tornou-se a novela dominante nas redes sociais do nosso tempo, e é mais ou menos o seguinte: a revolução deveria, supostamente, empoderar as mulheres. Em vez disso, além de dificultar o casamento para muitas delas, também permitiu a predação sexual numa escala nunca vista fora de invasões militares.

Tomemos como exemplo Hugh Hefner, fundador da *Playboy*, que morreu em 2017. Ele fundou um império baseado em fotos pornográficas de muitas mulheres. Construiu-se como um exemplo do *ethos* que alardeava — a "filosofia de vida Playboy" de um *bon vivant* moderno, incluindo, é claro, muito sexo fácil. Este novo *glamour* libertino pegou rapidamente. Naquela época, e durante muitos anos depois dela, poucos poderiam conhecer a sórdida verdade sobre a exploração por trás da publicidade astuta; só mais tarde isto seria revelado, graças aos relatos pessoais sobre a "mansão" Playboy.[11]

No entanto, depois do falecimento de Hefner, feministas elogiaram este apóstolo da Revolução. Por quê? Porque ele disfarçava os seus intentos predatórios com uma linguagem progressista. Como um escritor da *Fortune* resumiu, a "*Playboy* publicou o seu primeiro artigo apoiando a legalização do aborto em 1965, oito anos antes de *Roe vs. Wade*, decisão judicial que permitiu a prática — e mesmo antes de o movimento feminista se ter agarrado à causa. A revista também publicava números de linhas diretas para as quais as mulheres poderiam ligar e conseguir abortos seguros."[12]

---

11 Ver, por exemplo, Holly Madison, *Down the Rabbit Hole: Curious Adventures and Cautionary Tales of a Former Playboy Bunny*, Nova York, NY, Dey Street Books, 2015; e Izabella St. James, *Bunny Tales: Behind Closed Doors at the Playboy Mansion*, Filadélfia, PA, Running Press Adult, 2006; ver também Carla Howe, "Another Playboy Bunny Exposes Grim Life with Hugh Hefner", *GQ Australia,* 1 de março de 2016. Em 2022, a A&E lançou e depois expandiu sua série de documentários *Secrets of Playboy*, que se tornou a série mais assistida da A&E em mais de cinco anos. Elizabeth Wagmeister, "'Secrets of Playboy' Hugh Hefner Series Gets More Episodes", *Variety*, 7 de março de 2022, https://variety.com/2022/ tv /news/ secrets-of-playboy-hugh-hefner-1235197604/.

12 Claire Zillman, "How Hugh Hefner Used a Sexist Magazine to Champion Women's Reproductive Rights", *Fortune*, 28 de setembro de 2017.

Em suma, o apoio de Hefner a estas causas parece inextricavelmente ligado ao seu desejo de viver da exploração de mulheres. Essa mesma relação soma-se a muitos dos escândalos sexuais que explodiram nas notícias a partir de 2017, relativos a homens assediadores e abusadores e mulheres que alegavam ter sido iludidas por eles — que ficaram conhecidos como movimento #MeToo. Para enxergar o quadro geral, não é preciso apostar na inocência ou na culpa de qualquer homem que tenha figurado nos escândalos: aquelas notícias revelavam que, para homens que objetificam as mulheres e desdenham da monogamia, o aborto ocupa o mesmíssimo papel estratégico. Sem o plano alternativo de liquidação fetal, onde estariam esses homens? No tribunal e pagando pensão alimentícia.

Cada vez mais pensadores estão chegando à mesma conclusão: a nova utopia não cumpriu as promessas que fizera às mulheres; em vez disso, deu ainda mais campo de ação aos homens — especialmente aos homens com as piores intenções. Como observou Francis Fukuyama, um cientista social não religioso, em seu livro de 1999, *The Great Disruption:*

> Uma das maiores fraudes perpetradas durante a Grande Ruptura foi a noção de que a Revolução Sexual era neutra em termos de gênero e que beneficiaria igualmente mulheres e homens... Na verdade, a Revolução Sexual serviu os interesses dos homens e, no final, impôs limites nítidos aos benefícios que as mulheres poderiam esperar da sua libertação dos papéis tradicionais.[13]

Assim, alguns pensadores não-religiosos estão começando a compreender mais claramente o que alguns líderes religiosos têm dito desde o início. A revolução democratizou efetivamente o assédio e o abuso sexual. Já não era preciso ser um rei, ou um mestre do universo, para assediar ou abusar de mulheres, de forma implacável e em série. Bastava

---

13 Francis Fukuyama, *The Great Disruption: Human Nature and the Reconstitution of Social Order*, Nova York, Free Press, 1999, p. 121-22.

um mundo em que se presumisse que as mulheres usavam contraceptivos, havendo ainda o Plano B do aborto. Outro fato vantajoso seria que, por causa da diminuição das famílias, muitas mulheres ver-se-iam privadas, ao mesmo tempo, de parentes do sexo masculino. Foi relatado que as atividades descomunais de Jeffrey Epstein, para citar um exemplo óbvio, baseavam-se na perseguição ativa de meninas órfãs de pai.[14] A desordem social provocada após a década de 1960 tem sido o presente que continua a ser oferecido aos assediadores.

Um quarto paradoxo merece ser examinado: o efeito da revolução sobre o próprio cristianismo, sobre o que exporei mais adiante. A luta sobre o que fazer em relação à revolução teve dois efeitos principais: polarizou as igrejas internamente ao mesmo tempo que criava, entre as diferentes denominações, laços mais estreitos do que os que havia antes.

Em 2004, por exemplo, um livro de Stephen Bates sobre conflitos dentro da Comunhão Anglicana, *A Church at War*, resumiu o argumento na contracapa: "Será que a política do sexo separará anglicanos e episcopais?"[15] Alguns anos depois, escrevendo sobre o mesmo assunto em *Mortal Follies: Episcopalians and the Crisis of Mainline Christianity*, William Murchison concluiu com esta observação: "Para os episcopais, como para um grande número de outros cristãos, as questões primordiais são fato de que o sexo e a expressão sexual não são vistos pela cultura como um meio para um fim maior, mas como *o* fim".[16] Em seu livro de 2015, *Onward: Engaging the Culture without Losing the Gospel*, o líder da Convenção Batista do Sul, Russell D. Moore, refletiu de forma semelhante sobre a tensão entre evangélicos progressistas e tradicionalistas, concluindo que

14 Kate Briquelet e Jamie Ross, "Ghislaine Maxwell, confidente de Jeffrey Epstein, capturada pelo FBI em New Hampshire", *Daily Beast*, 2 de julho de 2020.

15 Stephen Bates, *A Church at War: Anglicans and Homosexuality*, Londres, I. B. Tauris, 2004.

16 William Murchison, *Mortal Follies: Episcopalians and the Crisis of Mainline Christianity*, Nova York, Encounter Books, 2009, p. 203.

"quando se trata de religião na América no momento, o tema do progresso sempre se resume ao sexo".[17]

Este também é um registro mais claro se observado em retrospectiva. Tal como outros otimistas presentes quando a revolução foi projetada, muitos cristãos esperavam convertê-la em uma força para o bem. Em vez disso, as concessões geraram divisão, nos melhores casos, e nos piores um colapso generalizado da doutrina. Aqueles que conclamavam ao cristianismo que se "afrouxasse" estavam, em retrospectiva, a disparar os tiros iniciais na atual guerra civil figurada dentro da fé e entre as denominações, como os capítulos 8 a 10 documentam detalhadamente.

Como cada capítulo deste livro demonstra, a Revolução Sexual não se deteve ao sexo. As relações privadas entre indivíduos paradoxalmente reconfiguraram não só a vida familiar, mas também as esferas econômicas, sociais e políticas gerais onde habitam os herdeiros da revolução.

Alguns destes efeitos são econômicos. Famílias menos numerosas e mais fragmentadas criaram uma pressão nunca vista sobre os sistemas previdenciários estatais do Ocidente, reduzindo a base tributada necessária para sustentá-las. As famílias diminuídas também significaram que o Estado se tornou um substituto dos tradicionais responsáveis pela vida de uma pessoa do berço ao túmulo, ocupando a lacuna deixada pela diminuição do número de pessoas cuidadoras. Visto que os homens casados produzem mais e são mais remunerados do que os seus homólogos solteiros, o declínio ininterrupto do casamento implica menor produtividade econômica. Entretanto, os serviços sociais tanto públicos como privados sofrem constante pressão pelo aumento da evasão escolar, da criminalidade, do abuso de substâncias e das doenças mentais entre os jovens, todos ligados ao número crescente de lares sem pai.

---

17 Russell D. Moore, *Onward: Engaging the Culture without Losing the Gospel*, Nashville, TN, B&H Publishing Group, 2015.

Nos capítulos seguintes investigaremos mais sobre outras consequências, as de tipo social, como o acentuado aumento no número de pessoas que vivem sozinhas ou que relatam uma grande redução em seu grau de contato com outros seres humanos ou outras métricas que compõem o campo dos "estudos da solidão", que já era uma área florescente da sociologia nos países ocidentais antes mesmo de a pandemia Covid-19 fazer do isolamento uma maldição comum a todos. Partilhando a mesma raiz da solidão cada vez maior, uma outra crise prolifera nas mesmas sociedades: a escassez de cuidadores de idosos. Embora muitas inquietantes reportagens tenham sido dedicadas a essa preocupação, especialmente durante e após a pandemia da Covid-19, vale a pena perguntar se esta crise teria atingido sua escala atual se o berço vazio não se tornasse a norma.[18]

Além disso, há consequências espirituais, tema de vários capítulos em seguida. Tal como demonstrado no Capítulo 3, "Da revolução ao dogma: a fé ardorosa do secularismo", a revolução também deu origem a uma nova fé secularista quase religiosa — o mais potente corpo de crenças rivais do cristianismo desde o marxismo-leninismo. De acordo com esta nova fé, no que se refere ao sexo não existe um padrão moral claro além da questão do consentimento (consentimento dado por adultos — por enquanto). Neste universo paralelo ao cristianismo, que se tornou o universo mais visitado por muitas pessoas, cristãs e não-cristãs, a Revolução Sexual equivale a uma revelação fundadora — uma revelação que está além das possibilidades de qualquer revisionismo, independentemente das consequências que tenha causado.

Foram necessários mais de sessenta anos para que se realinhasse a opinião quanto a apenas *alguns* dos legados negativos da revolução. Poderão ser necessários mais sessenta, ou cem, ou duzentos, para uma contabilização

18 Ver, por exemplo, Rhitu Chatterjee, "There's a Critical Shortage of Nursing Home Staff", *NPR*, 6 de fevereiro de 2022, Edição de Domingo.

completa e inabalável. Conforme notamos na introdução, a análise revisionista sobre os efeitos mundiais da revolução acaba de começar.

Ainda assim, a opinião muda. Em 1953, quando chegou às bancas a primeira edição da *Playboy*, muitas pessoas quiseram abraçar seu entusiasmo sobre o aumento da sofisticação e da urbanidade dos homens americanos. Hoje em dia, é mais difícil fingir que a proliferação da pornografia não foi nada menos que um desastre para o romance e um fator primordial nos atuais rompimentos e consumismo sexual. Em 1973, mesmo os apoiadores da decisão *Roe vs. Wade* não poderiam ter imaginado as evidências que surgiriam: cerca de 63 milhões de seres humanos mortos durante a gestação nos Estados Unidos; e em vários países ao redor do mundo o genericídio — o assassinato seletivo de fetos do sexo feminino só por *serem* meninas, também chegando a milhões. Os apoiadores daquela época também não poderiam ter imaginado o salto tecnológico que revelaria de uma vez por todas a verdade sobre o aborto: a ultrassonografia.

Estas e outras realidades pertinentes equivalem a meras gotas nos alicerces da revolução. Porém, água mole em pedra dura, tanto bate até que fura. Enfrentar os fatos de maneira direta e usá-los para contar uma história verdadeira não é fazer um choradeira. É dar poder, de verdade. E o primeiro passo é deixar de fingir que os registros empíricos e históricos são diferentes do que são.

PARTE II

O que a revolução está fazendo com a sociedade?

2

A nova intolerância

O revisionismo pós-revolucionário deve levar em conta não só o destino dos homens e mulheres modernos, mas também a profunda reconfiguração dos fatos elementares da vida ocidental durante as décadas posteriores aos anos sessenta. Essas transformações são o tema deste capítulo e dos dois que se seguem.

Particularmente importante entre essas mudanças é uma que ninguém previu: o fato de que o liberacionismo daria origem a novos códigos de discurso punitivos.

Em novembro de 2014, o Cardeal Walter Kasper proferiu uma palestra na Universidade Católica da América na qual disse: "A misericórdia tornou-se o tema do pontificado [do Papa Francisco]... Com este tema, o Papa Francisco dirigiu-se a inúmeras pessoas, tanto dentro como fora da Igreja... Ele as comoveu intensamente e penetrou seus corações". O cardeal acrescentou: "Quem entre nós não depende da misericórdia? Da misericórdia de Deus e do próximo misericordioso?"[1] Estas questões vão diretamente ao cerne do conflito entre a ideologia liberacionista e a liberdade religiosa. O Papa Francisco, o Cardeal Kasper e outros líderes espirituais ensinam que misericórdia quer dizer ir ao encontro das pessoas no lugar onde elas vivem. Apliquemos esse conselho ao presente; e examinemos onde é que hoje vivem

---

1 Vinnie Rotondaro, "Cardinal Kasper: Pope Francis 'Does Not Represent a Liberal Position, but a Radical Position'", *National Catholic Reporter*, 7 de novembro de 2014.

muitos cristãos na América, na Europa e em outros lugares exatamente *por que* são cristãos.

Não estamos falando aqui dos fiéis que se arriscam, ao redor do mundo, a sofrer danos mortais por causa de sua fé; mas sim sobre a lenta marginalização e penalização dos fiéis nas próprias portas das igrejas da América do Norte, Europa e em outros lugares, em sociedades que são os redutos históricos da liberdade política e religiosa.

Nestas sociedades, os homens e mulheres de fé estão em boa situação, se comparados a outros. Ao mesmo tempo, o seu mundo é socialmente mais iníquo do que era. Não há misericórdia quando açougueiros, confeiteiros e fabricantes de castiçais são levados ao banco dos réus por se recusarem a renunciar às suas crenças religiosas. Não há misericórdia quando pastores cristãos são perseguidos e ameaçados por *serem* cristãos, ou quando cientistas sociais são ostracizados ao revelar fatos indesejados, ou quando uma comissária de bordo é proibida de usar um crucifixo, ou quando organizações que fazem trabalhos de caridade são perseguidas — mas a nova intolerância faz essas coisas. Não há misericórdia em gritar calúnias contra quem aponta que a Revolução Sexual tem inundado a praça pública com problemas há muito tempo e que, de fato, algumas pessoas estão se afogando — mas caluniar é algo fundamental para a nova intolerância.

Acima de tudo, não há misericórdia quando os fiéis religiosos são caluniados e se diz que eles "odeiam" certas pessoas que na verdade não odeiam ou que são "fóbicos" de alguma maneira que, na verdade, não são. Isso também acontece em todo o espaço público hoje em dia. Também esta é uma mudança para pior.

A nova intolerância foi igualmente reconhecida por aqueles que falam pela Igreja. Como disse Dom Mario Toso, secretário do Pontifício Conselho de Justiça e Paz, num discurso à Organização para a Segurança e Cooperação na Europa em 2013, muito antes da "cultura do cancelamento" se tornar um lugar-comum, "A intolerância em nome da a 'tolerância' deve ser corretamente e publicamente nomeada".[2] O fenômeno que ele identificou pode ser resumido em cinco fatos essenciais.

O primeira é que a nova intolerância não é um problema apenas para os cristãos. É um problema para todos. Não deveria ser preciso dizer — embora a nova intolerância nos obrigue — que a simples decência exige a não cooperação com a difamação dos outros. Acontece que o cristianismo fornece um vernáculo moral robusto para a justeza de resistir à injustiça. Mesmo assim, resistir a calúnias e insinuações não é um mero capricho religioso.

A nova intolerância é também um problema para todos num outro sentido. Assim como os desencadeamentos culturais relacionados, ela não pretende deter-se na porta do tribunal de hoje. Procurará mais vítimas. Ninguém tem sua liberdade de expressão segura enquanto mini-Robespierres escrevem as regras. Isso afeta pessoas que por ora *pensam* estar seguras, porque acataram preventivamente o dogma dominante e silenciaram-se. Os cristãos praticantes que se recusam a desdizer-se estão hoje na linha de frente da nova intolerância. Mas o ponto onde eles estão agora, outros estarão em breve. Alguns já chegaram.

O bode expiatório de amanhã poderá ser alguém sem quaisquer crenças religiosas, que trace seu limite, digamos, na legalização da poligamia. Ou na redução da idade de consentimento, como aconteceu em vários países mais avançados do que o nosso no cumprimento das exigências da Revolução Sexual. Ou no acesso de homens biológicos a lugares outrora reservados às mulheres biológicas, como no alvoroço em torno dos chamados TERFs.[3] Outras pessoas poderão pensar em opor-se a experiências relacionadas, novamente por motivos não religiosos — como o tráfico

---

2 Adelaide Mena, "Holy See Decries Intolerance 'in the Name of Tolerance'", *Catholic News Agency*, 29 de maio de 2013.

3 "Transgender-Exclusionary Radical Feminist". Ver, por exemplo, Julie Compton, Pro-Lesbian' or 'Trans-Exclusionary'? Old Animosities Boil into Public View", *NBC News*, 14 de janeiro de 2019.

de úteros de mulheres pobres do Terceiro Mundo para fabricar bebês para ocidentais ricos. Ou, para oferecer outro exemplo facilmente imaginável: as feministas que, de outra forma, mantêm relações amigáveis com o libertarianismo podem vir a perceber, como tem acontecido ao longo dos anos, que a pornografia prejudica os interesses de mulheres e homens, e deveria ser menos onipresente — especialmente a pornografia violenta, sádica e misógina típica da *internet*. Se e quando essas pessoas fazem tais coisas, a nova intolerância procura condená-las ao ostracismo, tal como fez com outros dissidentes dos objetivos da Revolução Sexual. À medida que mais cidadãos foram vitimados, cresceu a participação secular no coro que denuncia a cultura do cancelamento.[4] Tudo isso é um alento.

Ao mesmo tempo, a nova intolerância não deixa de ser um problema de todos por mais uma razão que os críticos seculares ainda não reconheceram como deveriam: ela penaliza as pessoas que claramente fazem a diferença na sociedade — pessoas que passam os dias a ajudar os pobres, a vestir os nus, alimentando os famintos, cuidando dos rejeitados e, de outra forma, tentando viver o código de misericórdia judaico-cristão. Cada vez mais, estes Bons Samaritanos são testemunhas de uma verdade perversa: a nova intolerância dificulta a assistência aos pobres e necessitados. E, no cristianismo, a preocupação com os pobres não é mero adorno — pelo menos, não deveria ser.

Fato dois sobre a nova intolerância: é diferente do que havia antes. Refletindo há vários anos no *Wall Street Journal* sobre o renascimento galopante do antissemitismo em partes da Europa Ocidental, o rabino Jonathan Sacks traçou algumas distinções interessantes.[5] Houve uma época,

4 Ver, por exemplo, *Harper's*, "A Letter on Justice and Open Debate", assinada pelos principais esquerdistas nos Estados Unidos e em outros lugares, 7 de julho de 2020, https://harpers.org/a-letter-on-justice-and-open-debate/.

5 Jonathan Sacks, "Europe's Alarming New Anti-Semitism", *Wall Street Journal*, 2 de outubro de 2014, https://www.wsj.com/articles/europes-alarming-new-anti-semitism-1412270003?page=1.

salientou ele, em que os judeus da Europa eram odiados pela sua religião. Nos séculos XIX e XX, eles foram odiados por sua assim chamada raça, e não apenas sob o nacional-socialismo. Em nossos dias, continuou ele, a principal razão para o antissemitismo é outra coisa: o ódio pela existência do seu Estado-nação, Israel. Assim, um ódio duradouro, o antissemitismo consiste em diferentes variações sobre o mesmo tema.

De forma análoga também é possível distinguir, ao longo dos séculos, o que poderia ser chamado de variantes do anticristianismo. Uma forma atual é a antipatia, em toda a Europa ocidental, pelo reconhecimento das raízes religiosas do continente. O estudioso Joseph Weiler chegou ao ponto de chamar esse fenômeno de "cristofobia".[6] Dele, sempre houve abundância de exemplos. Os romanos perseguiram o cristianismo por causa da ameaça que representava para a sua sociedade e Estado. Friedrich Nietzsche e filósofos com ideias semelhantes acusaram-no de travar o progresso humano. Os nazistas e os comunistas mataram e perseguiram fiéis porque viam no cristianismo um mortal opositor do totalitarismo (dentro de algum tempo, um país chamado Polônia e um santo chamado João Paulo II justificariam a sua apreensão). E os próprios cristãos encontraram amplas oportunidades ao longo dos séculos para odiar-se uns aos outros, geralmente por questões de doutrina, muitas das quais podem agora parecer remotas.

A nova intolerância enfrentada pelos fiéis religiosos do Ocidente difere destas variantes. Ela não é uma força intelectual ou filosófica. Como certa vez o imortal personagem Jeeves observou sobre Bertie Wooster, numa história de P. G. Wodehouse, a nova intolerância é, na verdade, mentalmente insignificante. Ela quase não se refere a quaisquer ideias. Em vez disso, é algo muito específico, retirado de

---

6 Matthew Schmitz, "Does It Make Sense to Speak of 'Christophobia'?", *First Things*, 29 de novembro de 2012, https://www.firstthings.com/blogs/firstthoughts/2012/11/does-it-make-sense-to-speak-of-christophobia/.

manuais dos quais ninguém deveria se orgulhar de estudar. Consiste no emprego de intimidação, humilhação, censura e autocensura para punir aqueles que pensam diferente.

Mais uma testemunha. Um escritor americano envolvido em diversas instituições de caridade confidenciou recentemente que seu maior medo é que algum dia seus filhos venham a odiá-lo, porque serão condenados ao ostracismo devido a sua religião. Se um cristão tão comprometido como *ele* não consegue deixar de pensar dessa forma, o que isso nos diz sobre muitos milhões de outros pais? O que decidirão eles sobre a educação religiosa dos seus filhos, numa época em que levá-los à igreja pode fazer com que riam deles, e talvez lhes façam coisas muito piores? Qualquer pessoa preocupada com a secularização tem de se preocupar com a nova intolerância — porque a nova intolerância *causará* mais secularização, fazendo com que as pessoas temam por si mesmas e por aqueles que amam. Como já argumentei em outra publicação, esta dinâmica é manifestamente operante nos *campi* americanos e em outros *campi*, onde equivale a mais uma força invisível que afasta os estudantes da igreja.[7]

A nova intolerância dá às almas intimidadas uma permissão cultural indireta para abandonarem a prática religiosa. Não é nenhuma surpresa que abundem pessoas sem afiliação religiosa de Nova York a Paris, de Sydney a Buenos Aires e em todos os lugares no caminho. A ligação entre o aumento do estigma social e o declínio da frequência à igreja mal foi investigada. Mas é claramente prodigiosa.

É comovente que os cristãos que *não* fugiram da Igreja desejem que todos esses fatos fossem diferentes. Esta é também, claro, uma vulnerabilidade estratégica para os fiéis. Todo mundo quer ser amado — ou pelo menos não odiado por todos. A nova intolerância é capaz de explorar

---

7 Mary Eberstadt, "From Campus Bullies to Empty Churches", *Intercollegiate Review*, 24 de julho de 2015, https://isi.org/intercollegiate-review/from-campus-bullies-to-empty-churches/.

este desejo onipresente e usá-lo para rasgar o cristianismo por dentro, bem como para isolar e assustar as pessoas que se aproximam dele. É esta dupla ameaça que torna a nova intolerância tão letal. O sociólogo Robert Nisbet observou certa vez que o tédio é a força mais subestimada nos assuntos humanos. Talvez seja. Mas o desejo de não ser odiado deve vir em segundo lugar.

Isto nos leva ao terceiro fato sobre a nova intolerância: ela é perigosa não só pela razão óbvia de impor formas de censura, mas ainda mais porque impõe a autocensura — até dentro das igrejas. Dentro do próprio cristianismo, a disputa pelo "lado certo da história" faz, de uma comunidade de pecadores unidos por estarem todos em busca de redenção, algo muito diferente: uma lista de facções magoadas, cada uma reivindicando prerrogativas espirituais. É institucionalmente ruinoso.

Nem a rendição é uma opção. As igrejas que tentaram proteger-se da intolerância cedendo às suas exigências estão morrendo. Elas estão se esvaziando em sentido literal e figurado; seu moral está baixo; algumas nem existirão daqui a cem anos. Reagir à intolerância com uma capitulação é como tentar apagar o incêndio de uma casa atirando-lhe dinamite.

Quarto fato sobre a nova intolerância: ela se alega detentora da prevalência moral. Na verdade, não a detém e não poderia deter. Em nome da revolução defendida pela nova intolerância, milhões de inocentes nascituros são mortos todos os anos, esmagadoramente pelo simples fato de serem inconvenientes. A revolução destaca como particularmente indesejados os fetos femininos, e são mortos milhões deles a mais do que os masculinos, contrariando a aparente e bizarra indiferença de ativistas que afirmam defender os interesses femininos.

Como já demonstrado, a mesma ordem social exigida pela cultura do cancelamento *et al.* não é amiga dos pobres — longe disso. Consideremos as evidências do trabalho seminal do sociólogo W. Bradford Wilcox e Robert I. Lerman,

For Richer, for Poorer: How Family Structures Economic Success in America. Entre as descobertas impressionantes:

> Estimamos que o crescimento do rendimento médio das famílias com filhos seria 44% superior se os Estados Unidos desfrutassem hoje dos níveis de 1980 de crianças criadas por pai e mãe casados entre si. Além disso, pelo menos 32% do crescimento da desigualdade de rendimentos familiares desde 1979 entre as famílias com filhos e 3% do declínio nas taxas de emprego dos homens durante esse período podem estar ligados ao número decrescente de americanos que formam matrimônios e mantêm famílias estáveis.[8]

Em outras palavras, a Revolução Sexual tem impulsionado uma das questões políticas mais divisivas na sociedade ocidental atual: a desigualdade de renda. Ela tem abatido a classe média. E, em seu nome, há agora um novo tipo de racismo que atua ostensivamente: o de pessoas brancas ricas que dizem às pessoas negras mais pobres, especialmente na África, que as suas vidas serão melhores se gerarem menos dos seus (um fenômeno que o humorista PJ O' Rourke ironizou notavelmente com "dos eus temos o suficiente, mas há muitos vocês por aí").

Lá fora, na praça pública lotada, há duas visões competindo pelos corações e mentes. Qual delas levará vantagem?

Recordemos o que aconteceu em 2010 sob a *Affordable Care Act* (Lei de Terapia Acessível), quando o governo federal dos Estados Unidos decidiu satisfazer as exigências da revolução, determinando que o seguro de saúde cobrisse a contracepção. Em particular, a batalha entre o governo e as Irmãzinhas dos Pobres veio diretamente da direção de elenco — do Inferno. Era como se os produtores de um filme tivessem sentado e discutido ideias mais ou menos assim: "Já sei! Vamos fazer algo realmente ultrajante. Vamos induzir o governo federal a espancar freiras". E outra

8 W. Bradford Wilcox e Robert I. Lerman, *For Richer, for Poorer: How Family Structures Economic Success in America*, Washington, DC, American Enterprise Institute / Institute for Family Studies, 28 de outubro de 2014.

pessoa diz: “Já sei! Não umas freiras quaisquer, mas freiras que trabalhem com os necessitados e marginalizados”. E uma terceira diz: “Já sei! Já sei! Que tal pedirmos ao governo que ataque... as Irmãzinhas dos Pobres?”

É claro que, se tal reunião realmente tivesse acontecido, todos os presentes abandonariam o projeto — porque qualquer um em Hollywood pode ver que não há vantagem em atacar as Irmãzinhas dos Pobres; quem defenderia uma ideia dessas? Mas, no fim das contas, muitas pessoas concordaram com isso — pessoas marchando em direção à nova intolerância. Essa só parece uma posição moral elevada para alguém que esteja no fundo do poço.

A nova intolerância repete a exaurida alegação de estar do lado certo da história. Nisto há mais uma prova do motivo de seu fracasso. De todas as testemunhas que podem ser convocadas para condenar a nova intolerância, as mais convincentes talvez sejam, até agora, as mais invisíveis. Trata-se das vítimas anteriores da Revolução Sexual — os feridos que circulam por aquele proverbial hospital de campanha, aqueles que são fiéis não porque queiram subscrever o código moral cristão, mas porque querem fazer algo mais radical: viver segundo ele.

A verdade que não foi considerada pelos atuais e sofisticados desdenhadores da religião é a seguinte: o cristianismo está sendo cada vez mais construídos por estas mesmas testemunhas — por pessoas que abraçaram o difícil e duradouro livro de regras cristãs, não por desconhecerem a revolução e suas consequências, mas porque as conhecem demais.[9]

---

9 Veja, por exemplo, Luma Simms, “My Plea: I’m a Divorced and Remarried Mother. Please, Don’t Change Church Practice”, *First Things*, 3 de novembro de 2014, https://www.firstthings.com/web-exclusives/2014/11/my-plea; ver também Louise Mensch, “‘I’m a Divorced Catholic. And I’m Sure It Would Be a Mortal Sin for Me to Take Communion”, *Spectator*, 4 de outubro de 2014, https://www.spectator.co.uk/article/i-m-a-divorced-catholic-and-i-m-sure-it-would-be-a-mortal-sin-for-me-to-take-communion; e “Hope for Women in Hell”, uma entrevista de Rachel Marie Stone com a ex-prostituta Anny Donewald, que fundou um ministério para outras mulheres exploradas pela chamada indústria do entretenimento adulto, *Christianity Today*, 27 de outubro de 2014, https://www.christianitytoday.com/ct/2014/october/hope-for-women-in-hell.html.

Há outras testemunhas que apelam abertamente à Igreja para que continue a ser um sinal de contradição — testemunhas que devem ser ouvidas neste momento em que a Igreja colocou em primeiro plano as questões familiares. São os objetores de consciência à nova intolerância, pessoas que se apresentam para afirmar que *têm* livre arbítrio — não importa quantas outras pessoas insistam no contrário — e que são vilipendiadas por cometerem heresia secular. Existem organizações como o grupo católico Courage, para homens e mulheres que, atraídos pelo próprio sexo, desejam viver vidas cristãs castas, apesar da recriminação ininterrupta que lhes é dirigida.

Mais e mais sentinelas aparecem. Dois deles participaram numa conferência inovadora sobre os custos sociais da pornografia no Instituto Witherspoon, em Princeton, Nova Jersey, em 2008.[10] Esses dois homens deram um testemunho, perante dezenas de estranhos, sobre o prejuízo pessoal que o vício em obscenidades lhes trouxe — principalmente, a perda do amor. Pessoas assim são testemunhas indispensáveis, e excepcionalmente corajosas, dos escombros da Revolução Sexual.

Todos estes homens e mulheres são sinais humanos e vivos de contradição com os tempos e, sobretudo, com a nova intolerância. Fazem parte da crescente coligação de pessoas que defendem a fé com todos os seus espinhos, *não* porque desconheçam qualquer outra coisa, mas precisamente porque *conhecem* a revolução e rejeitam a ideia de marchar com ela.

Uma última razão além da nova intolerância sugere o motivo pelo qual essas testemunhas devem ser ouvidas e não injustamente tomadas como os derrotados da história. Em 10 de junho de 1194, um grande incêndio devastou uma importante catedral românica em uma cidade a sudoeste

10 Ver Mary Eberstadt e Anne Layden, *The Social Costs of Pornography: A Statement of Findings and Recommendations*, Princeton, NJ, Witherspoon Institute, 2010; James R. Stoner Jr. e Donna M. Hughes, eds., *The Social Costs of Pornography: A Collection of Papers*, Princeton, NJ, Witherspoon Institute, 2010.

de Paris. A destruição ameaçava devastar pessoas e cidades num raio de muitos quilômetros e também durante muitas gerações. Muitos aldeões naquela época devem ter pensado em desistir, declarar o desastre como o vencedor existencial e ir para outro lugar.

Em vez disso, o que aconteceu foi, e continua sendo, extraordinário sob qualquer padrão. Essas pessoas e os seus líderes perseveraram e decidiram não permitir que o desastre desfigurasse definitivamente suas vidas. Num período de tempo notavelmente curto, ergueram no lugar da catedral algo ainda mais poderoso e magnífico. É o edifício conhecido como Catedral de Notre-Dame de Chartres. Entre as criações mais sublimes do planeta, é o legado de homens e mulheres de um determinado tempo e lugar que testemunharam o desastre mais marcante de sua época — e que não se deixaram render diante dele.

A Igreja de amanhã será construída da mesma forma: não pelos partidários da nova intolerância ou por aqueles que cederam à censura ou à autocensura; mas será levantada, pedra por pedra, por algumas das próprias pessoas vitimadas no início do incêndio. Tão real como a nova intolerância é o emergente movimento de renovação que acabará por ser o seu maior opositor.

3

Da revolução ao dogma: a fé ardorosa do secularismo

Ser cristão hoje é ser um marinheiro em busca de um astrolábio, como mostram profusas análises.[1] Não surpreende: os fiéis se veem em águas abertas, turbulentas e desconhecidas; procuram pontos fixos nos quais confiar. Uma outra forma de nos orientarmos é olhar por baixo das correntes e concentrarmo-nos nos realinhamentos subterrâneos sob a atual paisagem descristianizada do Ocidente.

Este mergulho mais profundo revela que os Estados Unidos e outras nações enraizadas no judaico-cristianismo entraram numa época de paganização — que também pode ser chamada de "repaganização". A atração gravitacional da religião tradicional parece estar diminuindo, ao mesmo

---

1 Em 2009, Richard John Neuhaus chamou esse novo lugar de Babilônia Americana [*American Babylon: Notes of a Christian Exile*], Nova York, Basic Books, 2010. Rod Dreher analisa *A Opção Beneditina. Uma estratégia para cristãos no mundo pós-cristão*, Campinas, Ecclesiae, 2021. George Weigel pede um novo Grande Despertar, e uma outra opção batizada em homenagem ao Pe. Arne Panula, um incansável evangelizador que presidiu, durante os seus últimos dez anos, o Centro de Informação Católica em Washington, DC: George Weigel, "Easter and the 'Panula Option'", *National Review*, 15 de abril de 2017, https://www.nationalreview.com/2017/04/easter-joy-father-arne-panula-witness-christ/. Usando T. S. Eliot como pedra de toque, o editor da *First Things*, R. R. Reno, exorta à ressurreição da ideia de uma sociedade cristã em *Resurrecting the Idea of a Christian Society*, Washington, DC, Salem Books, 2016. Em *Strangers in a Strange Land*, o Arcebispo Charles J. Chaput desenvolve uma analogia entre o nosso tempo e o do livro do Êxodo. Nova York, NY, St. Martin's Press, 2019. Em mais um livro essencial, Anthony Esolen evoca a imagem da fênix com *Out of the Ashes: Rebuilding American Culture*, Washington, D.C., Regnery Publishing, 2016.

tempo que elementos arreligiosos e antirreligiosos acumulam massa crítica.

Esta repaganização cresce especialmente entre os jovens. As suas manifestações mais amplas são agora comuns e incluem a proliferação de processos judiciais sobre a liberdade religiosa, ataques legais e de outras naturezas a grupos de estudantes cristãos em universidades seculares, demonização e caricaturização de fiéis religiosos em toda a cultura popular, intimidação contra os defensores da moralidade judaico-cristã e outros exemplos daquilo que o próprio Papa Francisco apelidou de "perseguição velada" aos fiéis nas sociedades desenvolvidas. A repaganização também é evidente na maligna confusão entre cristianismo e "discurso de ódio", um estigma ideológico destinado a desencadear novas formas de sofrimento para os fiéis do futuro.

Até aqui, nenhuma novidade. De acordo com um paradigma dominante partilhado pela maioria das pessoas, o mundo atualmente se divide em dois campos: as pessoas de fé e as pessoas sem fé. Esse modelo exclusivo, no entanto, está errado. A repaganização atual é impulsionada sobretudo por um novo fenômeno histórico: o desenvolvimento de uma fé rival — *secularista*, que vê o cristianismo como um concorrente a ser vencido, e não como um conjunto alternativo de crenças a ser tolerado numa sociedade aberta.

É verdade que vários outros entusiasmos gnósticos aparentados também assumiram forma religiosa. As alterações climáticas, a teoria racial crítica, as políticas identitárias da esquerda e da direita: todas continuam a desenvolver rituais e dogmas, todas apresentam seus próprios cavaleiros do Apocalipse, todas se qualificam como o que Joseph Bottum apelidou de "cristianismos bastardos".[2] Mesmo assim, uma seita particularmente ascendente,

---

2 Joseph Bottum, *An Anxious Age: The Post-Protestant Ethic and the Spirit of America*, Nova York, Image Books, 2014.

atualmente contando com mais de meio século de desenvolvimento, supera as demais. É a cada vez mais sistemática, fervorosa e secularista fé enraizada na própria Revolução Sexual. Não se pode compreender nem os perigos nem as oportunidades do cristianismo hoje sem primeiro compreender seu oponente neste conjunto de crenças em desenvolvimento.

Consideremos a cena nos degraus da Suprema Corte dos Estados Unidos em 27 de junho de 2016, após o anúncio da sentença no caso *Whole Woman's Health v. Hellerstedt*, um julgamento sobre as clínicas de aborto do Texas que representou uma vitória para os defensores do aborto. No momento em que a decisão foi anunciada, reinou um irracionalismo delirante. Os vídeos documentaram o carnaval que resultou, espalhando-se dos degraus do tribunal à capital do país: um mar de pessoas rodopiando, chorando, gesticulando e gritando, na maioria mulheres, comportando-se como se estivessem no auge do êxtase religioso. Era uma assembleia inebriada como as mênades nas bacanais.

A Navalha de Occam nos leva a concluir que esses ativistas *estavam* em êxtase religioso — *o seu tipo* de êxtase religioso, em que o aborto livre se torna o equivalente gnóstico de um sacramento central, cuja repetição é considerada essencial para a sua comunidade religiosa em tipo.

Ou consideremos outro instantâneo: a chamada Marcha das Mulheres em Washington, em 21 de janeiro de 2017, um dia após a tomada de posse do presidente Donald Trump. Essa manifestação pública também foi impulsionada pela animosidade secularista contra supostas ameaças à ordem social pós-revolucionária, particularmente quanto ao acesso ao aborto. Assim, as vestes rituais aceitas no evento não se basearam em qualquer preocupação política convencional — empregos, impostos, defesa, economia, cuidados de saúde, imigração. Para deixar bem claro, as únicas mulheres não convidadas para esta "marcha das mulheres" supostamente universal foram as pró-vida.[3] Quando forçadas a escolher entre mulheres e o direito ao aborto, as mulheres responsáveis pelo evento escolheram o aborto. Isso aconteceu porque, dentro desta nova igreja do secularismo, mulheres e homens pró-vida equivalem a hereges: desprezíveis transgressores dos ensinamentos e normas fundamentais de uma comunidade religiosa.

A paixão publicamente manifesta antes e depois da opinião vazada no caso de 2022 de *Dobbs vs. Jackson Women's Health Organization* foi parte do mesmo frenesi. Desta vez, a fidelidade ao aborto foi temperada com violência ameaçada e praticada, indo de um aumento no vandalismo ao *doxing*[4] dos endereços residenciais de alguns juízes, referências ameaçadoras nas redes sociais aos filhos deles e suas escolas e uma ameaça à vida do juiz Brett Kavanaugh.[5] Mais uma vez ficou claro o sentido maior do alarmante teatro político. O aborto não é tratado por seus proponentes como qualquer outra questão política. Ele exerce um poder talismânico e exige lealdade inequívoca.

Se o chamado direito de escolha envolvesse um verdadeiro exercício de escolha — se a retórica das pessoas que o defendem correspondesse à realidade daquilo em que realmente acreditam — seria de esperar que os seus defensores honrassem a escolha contra o aborto. Mas isso não acontece; nenhum grupo "pró-escolha" apresenta como exemplo qualquer mulher que decida não abortar.

Esse fato revela algo digno de nota. Para os fiéis secularistas, o aborto não é de fato mera "escolha", como a sua retórica consumista e isenta de valores o enquadra. Não, o aborto é sacrossanto. É um rito comunitário — através

---

3 Leandra Bernstein, "More Pro-Life Groups Removed as Official Partners of the Women's March", *ABC*, 18 de janeiro de 2017, https://wjla.com/news/local/more-pro-life-groups-removed-as-partners-of-the-womens-march.

4 Ato de revelar ou vazar informações sigilosas e pessoais na internet.

5 Jonathan Turley, "From Court Packing to Leaking to Doxing: White House Yields to a National Rage Addiction", *The Hill*, 7 de maio de 2022.

do qual muitas noviças são iniciadas nesta nova fé. A fúria popular, impulsionada pela *internet*, de "contar a história do seu aborto" — o fenômeno conhecido como *#shortyourabortion* — ilustra este ponto. Cada história individual é o progresso de uma peregrina secularista em direção a uma nova comunidade religiosa unida por este sangrento rito de passagem.

O progressismo secularista, vale repetir, erigiu uma igreja. O cristianismo atual, como o cristianismo do passado e o cristianismo do futuro, enfrenta muitos inimigos. Mas o adversário que maior dano inflige à Igreja hoje em dia não é algo com que a filosofia de Horácio tenha sonhado.[6] É, ao contrário, a defesa absolutista da Revolução Sexual pelos seus fiéis, e o assustador efeito de suas palavras e atos sobre os próprios cristãos.

Afinal de contas, os crentes não são hostilizados de Hollywood ao Capitólio por alimentarem os famintos, visitarem os doentes ou vestirem os nus. Confeiteiros não vão parar no tribunal por decorar suas guloseimas com versos do Cântico dos Cânticos. As expressões de animosidade atualmente dirigidas contra o cristianismo por esta nova fé secularista partilham um denominador comum. Estão enraizadas no dogma secularista sobre a Revolução Sexual, segundo o qual essa revolução é um grande salto adiante para a humanidade, a partir do qual ninguém pode olhar para trás.

Este sucedâneo da religião imita o cristianismo propriamente dito de maneiras fascinantes. Oferece uma hagiografia de santos seculares, todos patronos da Revolução Sexual e prosélitos do aborto e da contracepção, como Margaret Sanger e Gloria Steinem. Anualmente (entre 1966 e 2015), a Planned Parenthood conferiu prêmios a jornalistas, políticos, ativistas e outros agentes pró-aborto.

6 Citação de *Hamlet*, peça de William Shakespeare: "There are more things in heaven and earth, Horatio, / Than are dreamt of in your philosophy" (Há mais coisas no céu e na terra, Horácio, que as sonhadas por tua vã filosofia). [N. T.]

Estes prêmios eram carinhosamente chamados "Maggies" em homenagem a Margaret Sanger — a "maior prócere" da Planned Parenthood, nas palavras da organização — e foram concedidos, nos últimos anos, a personalidades como Nancy Pelosi e Hillary Clinton.[7]

Isto nos leva a outra característica da nova fé secularista: a sua falta de transparência. Durante décadas, estudos demonstraram as raízes morais eugenistas de Sanger, a sua fé na inferioridade de certas outras pessoas, o seu uso cínico de ministros afro-americanos para evangelizar a população negra em relação ao controle da natalidade (com o que se esperava reduzir seu contingente) e crenças relacionadas atualmente bem-vistas. No entanto, num momento em que estátuas dos confederados são alvos, em nome da eliminação do racismo na praça pública, Margaret Sanger permanece essencialmente ilesa ao revisionismo moral. Por quê? Porque ela é o equivalente a uma santa secularista da revolução, acima de qualquer suspeita.

Também quanto ao pseudocientista Alfred C. Kinsey, fundador do Instituto de Pesquisa Sexual da Universidade de Indiana, providencia-se proteção e silêncio. Os seus lendários "relatórios" sobre a sexualidade humana incluíam permitir que os chamados "participantes" da pesquisa infligissem o que hoje é chamado de abuso sexual infantil. De acordo com o biógrafo James H. Jones, Kinsey também filmava atos sexuais de funcionários e subordinados, entrava no banheiro enquanto alunas tomavam banho, fazia sexo com pessoas envolvidas em sua "pesquisa", escrevia cartas eróticas para assistentes e outras pessoas, e parece de um modo geral ter-se mantido à margem dos padrões atualmente alardeados em relação ao assédio e ao consentimento.[8] Mesmo antes do movimento #MeToo se tornar um nome conhecido, o legado de Kinsey já teria sido questionado há

---

7 Kate Scanlon, "Planned Parenthood Quietly Stops Distributing Margaret Sanger Award", *National Catholic Register*, 19 de agosto de 2020, https://www.ncregister.com/news/planned--parenthood-quietly-stops-distributing-margaret-sanger-award.

8 James H. Jones, *Alfred C. Kinsey: A Public/Private Life*, Nova York, WW Norton, 1997.

muito tempo por pessoas razoáveis — se ele fosse qualquer um menos Kinsey, isto é, um dos pais fundadores da nova fé secularista.

Esta fé rival também ostenta "missionários" estrangeiros, sob a forma de instituições de caridade progressistas e de organizações internacionais que levam às mulheres de todo o planeta a palavra da revolução e dos pseudossacramentos da contracepção e do aborto. A Fundação Bill e Melinda Gates, para citar um exemplo de peso, fez do fornecimento de contraceptivos um eixo central da sua atuação no estrangeiro. Em 2015, comprometeram 120 milhões de dólares na esperança de limitar a fertilidade de "mais 120 milhões de mulheres e jovens nos países mais pobres até 2020".[9]

Quem, exatamente, são essas mulheres? A julgar pelas fotos no *site* da Fundação Gates, eles não vêm da Islândia ou da Dinamarca. Como explica a fundação, "menos de 20% das mulheres na África subsaariana e apenas um terço das mulheres no sul da Ásia usam contraceptivos modernos" — tornando essas mulheres de pele mais escura alvos de um zelo de tipo religioso.

Na verdade, a preocupação com a fertilidade de *certas outras pessoas* é um tema constante na igreja do novo secularismo. Em julho de 2017, o presidente francês Emmanuel Macron revelou a sua fidelidade à fé ao insistir, durante um evento na Alemanha, sobre os desafios "civilizacionais" que a África enfrenta, destacando como desaprovador o fato de as mulheres em alguns países ainda terem "sete ou oito filhos".[10] Em outro lugar, naquele mesmo verão, a ministra do Desenvolvimento Internacional do Canadá, Marie-Claude Bibeau, chamou o aborto de "uma ferramenta para

---

9 Fundação Bill e Melinda Gates, "No Time to Lose: Fulfilling Our Family Planning Promise to 120 Million Women", comunicado de imprensa, 12 de novembro de 2015, https://www.gatesfoundation.org/Ideas/Media-Center/Press-releases/2015/11/ Family-Planning-Promise.

10 Marisa Iati, "'Perfectly Educated' Women Don't Have Big Families, Macron Said. Then the Moms Spoke Up", *Washington Post*, 19 de outubro de 2018, https://www.washingtonpost.com/religion/2018/10/19/perfectly-educated-women-dont-have-big-families-macron-said-then-moms-spoke-up/.

acabar com a pobreza".[11] Em 2009, a juíza da Suprema Corte Ruth Bader Ginsburg cometeu um deslize semelhante em uma entrevista à *New York Times Magazine*, refletindo que "na época da sentença de *Roe vs. Wade*, havia uma preocupação com o crescimento populacional, e particularmente com o crescimento de populações que não queremos que cresçam muito".[12]

Mais uma vez, é a falta de transparência que faz esta fé girar. Em qualquer outra circunstância em que se visse pessoas brancas e abastadas proclamando que a solução para os problemas do mundo é haver menos pessoas negras, o resultado seria o opróbrio. No entanto, nos setores seculares, louva-se programas cujo resultado final é exatamente esse: a diminuição de famílias majoritariamente negras e pardas por ativistas em prol da população majoritariamente branca.

Isto é o que acontece quando a pedra angular da religião de alguém é a proteção da Revolução Sexual a todo custo, a despeito de suas consequências — eugenia, violações e outras transgressões.

Para compreender exatamente o que os cristãos ocidentais enfrentam hoje, é útil trazer à luz as premissas ocultas desta fé rival. Por exemplo, quando as pessoas dizem que esperam que a Igreja mude a sua posição sobre o casamento ou o controle da natalidade, não estão a falar de *uma* fé religiosa — isto é, a fé cristã. O que eles realmente querem dizer é que esperam que a Igreja suborne ou substitua a sua própria teologia pela teologia da nova igreja do secularismo. Ou quando figuras públicas dizem que se "opõem privadamente ao aborto" — mesmo quando votam a favor de políticas que garantam a sua

---

11 "Aid Minister Maintains Need for Abortion Rights Amid Bishops' Criticism", *CTV News*, 11 de julho de 2017, https://www.ctvnews.ca/politics/aid-minister-maintains-need-for-abortion-rights-amid-bishops-criticism-1.3498137.

12 Emily Bazelon, "The Place of Women on the Court", entrevista com a juíza Ruth Bader Ginsburg, *New York Times Magazine*, 7 de julho de 2009, https://www.nytimes.com/2009/07/12/magazine/12ginsburg-t.html.

onipresença — estão a usar um truque de palavras para ocultar, em vez de esclarecer, a sua intenção. O que eles realmente querem é desfrutar de uma espécie de dupla cidadania religiosa, segundo a qual são "católicos" ou "cristãos", sob certas condições, e seguidores da igreja do secularismo em quaisquer circunstâncias relacionadas com a Revolução Sexual.

É claro que esse esforço para manter um pé em cada igreja, como falharia uma afirmação de ser simultaneamente muçulmano e budista, por exemplo. A tentativa de desfrutar de dupla cidadania religiosa, especialmente entre os políticos e outras pessoas expostas ao olhar público, deve ser interpretada corretamente: um truque para servir o mestre religioso do secularismo, com prejuízo do mestre concorrente do cristão.

O fato de duas religiões competirem agora pela supremacia no Ocidente também explica a veemência dirigida contra as figuras públicas que são cristãs praticantes — especialmente os católicos. Em 2017, durante a sabatina de confirmação da juíza Amy Coney Barrett para o Tribunal de Apelações, vários senadores comentaram e denunciaram a sua fé católica. O momento retórico mais revelador pode ter sido a declaração da senadora Dianne Feinstein de que "o dogma vive estrondosamente dentro de você" — uma exposição mais adequada a um exorcista que se prepara para a batalha contra Satanás do que a um servidor público eleito e encarregado de verificar a aptidão de uma candidata a um cargo judicial.[13] Assim, a interjeição da senadora Feinstein, de outra forma bizarra, capturou a verdade num instante: a chamada guerra cultural é uma competição entre religiões *em conflito*.

O que significa essa visita à nova igreja do secularismo para aqueles que não pertencem à sua congregação?

---

13 "'The Dogma Lives Loudly in You', Democratic Senator on Amy Coney Barrett", *Guardian*, 26 de setembro de 2020, YouTube, https://www.youtube.com/watch?v=9mDQM1TzlAM.

Primeiro, os cristãos devem compreender que algo novo entrou no cenário religioso americano. Depois de grandes problemas, os Estados Unidos chegaram a orgulhar-se da coexistência pacífica de múltiplas religiões e denominações em seu território. A igreja rival do secularismo não procura tal cortesia, como mostram os atuais e sem precedentes ataques às escolas, instituições de caridade, faculdades, ensino doméstico e outras obras cristãs. A nova igreja do secularismo serve a um deus muito ciumento. "Ecumenismo" não está em seu vocabulário.

A exuberância missionária também explica por qual razão a nova fé secular se insinuou com sucesso nas instituições cristãs e por que esta insinuação tem sido invariavelmente destrutiva. No nível micro, do comportamento pessoal, a nova fé tenta as pessoas à desobediência e a um cristianismo de cafeteria. No nível macro, é erosiva num sentido institucional. Transforma os seguidores de Cristo em grupos de interesse político. A querela doutrinal na Igreja Católica, inteiramente proposta por representantes que acreditam erroneamente na possibilidade de reconciliar, de alguma maneira, os dogmas de ambas as religiões, é um exemplo poderoso da violenta atuação da Revolução Sexual dentro do próprio cristianismo.

Mesmo assim, a ameaça mais insidiosa à Igreja real, e até mesmo à liberdade religiosa, não é a nova igreja secularista em si. A maior ameaça é a autocensura. Há entre os cristãos uma compreensível tentação de capitular preventivamente a esta nova fé, por todos os tipos de razões: manter a aparência, não ser "julgador", evitar o ostracismo dos filhos. Mesmo assim, os cristãos precisam saber que os dogmas desta nova fé, fixados no sexo, exigem um envolvimento proposital, não concessões.

Esta vocação à oposição religiosa é necessária não só para a proteção da Igreja, mas também para o bem das verdadeiras e numerosas vítimas da Revolução Sexual. A nova igreja do secularismo está enraizada numa falsa antropologia que avalia mal a natureza humana e priva a humanidade da redenção, fomentando a miséria através de gerações. As consequências malignas da doutrina secularista estão manifestando-se especialmente entre os jovens. A cena em muitos *campi* americanos, para dar um exemplo, tornou-se surreal, repleta de manifestações, drama emocional elevado e animosidades aparentemente inexplicáveis. Porém, em primeiro lugar, *por que* cada vez mais estudantes estão se comportando de maneira tão bizarra?

Após o advento da pílula, a confusão reinou sobre a terra. No entanto, esta catástrofe contínua sobre a questão fundamental de *quem somos* também oferece singulares oportunidades contraculturais.

Olhando mais de perto, por exemplo, a igreja secularista parece ser menos que monolítica. Vejamos mais uma vez como a conflagração que começou com o magnata de Hollywood Harvey Weinstein terminou por iluminar irregularidades noutros lugares, tudo por causa da noção de que as mulheres estão disponíveis para sexo recreativo em qualquer lugar e a qualquer hora. Enquanto isso, novas associações católicas e outras associações cristãs proliferam nos *campi*, apesar da feroz resistência secularista.[14]

Estes e outros pelotões semelhantes transformarão a paisagem americana. Eles encorajam a busca pela transcendência num mundo onde o neopaganismo insiste na inexistência do transcendente. Eles lutam contra uma vulnerabilidade crítica: a igreja rival do secularismo é um estelionato contra a humanidade. A raça humana, por mais laboriosa e delinquente que seja, mostra perpetuamente sinais de querer mais do que a igreja do novo secularismo pode oferecer.

---

14 Se o aumento dos arreligiosos é uma história emblemática do nosso tempo, o mesmo acontece com o nascimento de comunidades contraculturais dentro dos *campi*, como o Thomistic Institute, a Love and Fidelity Network, e a Fellowship of Catholic University Students (FOCUS); o surgimento de escolas secundárias baseadas na educação clássica; o Leonine Forum para jovens profissionais em Washington, D.C., atualmente também atuando em Nova York, Chicago e Los Angeles; projetos relacionados como o Seminário Tertio Millenio na Polônia e o Seminário da Sociedade Livre na Eslováquia; e muitas outras respostas orgânicas, tanto protetoras como proativas, à concorrência da igreja rival do secularismo.

Duas testemunhas dessa realidade apareceram em Washington D.C., em 2017, no meio de uma onda de calor. Eles haviam entrado em contato para discutir um documentário que estavam criando para coincidir com o quinquagésimo aniversário da *Humanae Vitae*. O estúdio deles no D.C. era o seu quarto de hotel. A comitiva da filmagem incluía seus três filhos bem pequenos, com cujos cuidados eles se revezavam durante a entrevista. Eles haviam feito muitos sacrifícios e viajado centenas de quilômetros porque, diziam, tinham a missão de dizer a verdade.

A jovem crescera sem saber quem era seu pai. Sua mãe, uma feminista radical, a criou para temer e odiar os homens. O jovem vinha da Escandinávia e teve uma criação tão secular quanto possível. Ambos, se encontrados no início de suas vidas, teriam sido categorizados como arreligiosos.

Segundo sua própria interpretação, estas duas pessoas haviam escapado de trás das linhas inimigas da Revolução Sexual. De alguma forma, eles se encontraram. De alguma forma, estarem apaixonados os levou a questionar o que havia acontecido em seu passado. De alguma forma, eles conheceram um padre. De alguma forma, leram alguns livros contraculturais. E com um desenvolvimento improvável após o outro, ambos acabaram se convertendo ao catolicismo e concluíram que suas vocações envolviam compartilhar com outras pessoas as verdades que haviam descoberto da maneira mais difícil.

O Arcebispo José Gomez, de Los Angeles, relacionou o nosso momento no Ocidente ao de Juan Diego em Guadalupe, há quase quinhentos anos.[15] O mundo de hoje, como o de Diego, educou gerações numa visão desumana da vida. As deformações resultantes são muitas. A confusão é inescapavelmente abundante. Mesmo assim, a fé secularista é vulnerável pelas mesmas razões que o

---

15 Arcebispo Jose H. Gomez, "Such As We Are, Such Are the Times", discurso ao Napa Institute, 3 de outubro de 2017, https://www.youtube.com/watch?v =0tpXaK5c9co.

marxismo: as suas premissas são falsas e a sua antropologia, falaciosa.

A igreja que a Revolução Sexual construiu está prosperando. Mas os seus bancos estão repletos de vítimas — cada uma delas um potencial convertido às igrejas que ainda acreditam naquilo que os feridos mais necessitam: redenção.

4

Os homens estão em guerra com Deus

A disputa entre o cristianismo e o seu concorrente secular está se desenrolando em todo o valioso patrimônio cultural do Ocidente. Revela-se nas cada vez mais abundantes penalidades sociais e civis por expressão criminosa — o equivalente aproximado a adormecer na Igreja ou a xingar em público sob o puritanismo. Impulsiona discussões nas Nações Unidas, na União Europeia e em outras organizações burocráticas que se encarregam de transformar estas novas normas religiosas em lei. A mesma luta soma-se a milhares de conflitos de etnia e identidade que ocorrem nas salas de aula dos Estados Unidos, da pré-escola à universidade.

Por mais familiares que estes pontos de contenda possam ser, eles também são epifenômenos de uma luta ainda mais essencial. Aleksander Soljenítsin definiu a principal característica do século XX em poucas palavras: "Os homens esqueceram-se de Deus".[1] Até agora, o século XXI pode ser resumido em poucas palavras: os homens estão em guerra com Deus. Despertada do sono agnóstico por novas formas poderosas de racionalizar a tentação, a humanidade está em guerra com Deus por uma questão que remonta ao início dos tempos: quem, exatamente, deve ter poder sobre a criação?

O cristianismo e o judaísmo ensinam que a resposta é Deus. A cultura dominante no Ocidente hoje ensina o

---

1 Aleksander Soljenítsin, discurso de aceitação ao receber o Prêmio Templeton, 10 de maio de 1983, https://www.templetonprize.org/laureate-sub/solzhenitsyn-acceptance-speech/.

contrário. Diz que cabe a nós controlar a criação de uma nova vida — mais precisamente, que esse controle cabe à mulher. Diz que podemos dispor da vida no útero por qualquer motivo, de um simples capricho até uma preferência por um menino em vez de uma menina. Vai mais longe, afirmando que podemos apagar a vida com base em lógicas que se expandem diariamente. Na Bélgica, uma mulher de meia-idade foi eutanasiada por se ver em mau estado após passar por várias cirurgias e ingerir vários produtos químicos, na vã esperança de poder "mudar" o seu sexo.[2]

Como é que os homens e mulheres pós-revolucionários chegaram ao ponto em que suas sociedades, construídas sobre a fidelidade ao Criador, repudiam agora a própria criação?

A resposta começa com um olhar mais atento à resistência em ser designado como "criatura". Por quê? Em parte, porque "criatura" é um termo relacional — e muitos ocidentais amadurecem agora num mundo sem laços relacionais robustos. Alguns não conhecem pais, irmãos, irmãs ou parentes. Alguns sequer se reconhecem como homem ou mulher. A esmagadora perda de relacionalidade em geral torna mais difícil a compreensão de qualquer forma individual de relacionalidade. Afinal de contas, um mundo em que muitas pessoas não conseguem sequer compreender os seus laços primordiais entre si é um mundo em que não podemos nos surpreender com a incapacidade das pessoas de se relacionarem com algo mais abstrato — Deus, por exemplo.

Considere o caso através de um silogismo. A Revolução Sexual conduziu ao declínio da família. Este enfraquecimento, por sua vez, alimentou o declínio da religião organizada. Ambas as perdas deixaram buracos gigantescos no senso de si das pessoas no Ocidente. Por isso, muitos ocidentais lutam agora para preencher esses vazios com outras coisas.

---

2 "Belgian Helped to Die after Three Sex Change Operations", *BBC News*, 2 de outubro de 2013, https://www.bbc.com/news/world-europe-24373107.

A revolução roubou de muitas pessoas modernas uma identidade familiar. Ao estimular a secularização, também lhes roubou um fundamento sobrenatural. A primeira mudança cortou os seus laços horizontais mais importantes; a segunda, seus laços verticais mais importantes. Como resultado, muitos foram catapultados para um lugar onde a gravidade quase não existe e onde o valor dos outros é fraco demais para surtir qualquer efeito.

Os resultados da solidão não natural são parte bem conhecida do tesouro científico — pelo menos no que se refere a outras espécies. Experiências já antigas, em animais não humanos, demonstraram que isolar artificialmente um indivíduo de sua própria espécie o leva à disfunção.[3] O que não é tão bem compreendido, e precisa ser, é que a humanidade está realizando uma experiência análoga consigo mesma. A ecosfera moderna está saturada de decantações insolúveis que nunca existiram na escala observada.

Aborto, ausência do pai, divórcio, pai e mãe solteiros, ausência de filhos, implosão da família nuclear, a diminuição da família estendida — todos esses fenômenos têm algo em comum. São atos de *subtração* humana. Cada um deles tem o efeito de reduzir o número de pessoas a quem pertencemos e que podemos chamar de nossas. Os experimentos de privação com macacos Rhesus, do psicólogo Harry Harlow, são lembrados hoje pelas consequências que essas criaturas sofreram ao longo da vida quando separadas de suas mães, irmãos e do resto da sociedade símia.[4] Hoje, quando

---

3 "Estudos com PNH [primatas não humanos] durante mais de 60 anos lançam luz sobre a compreensão das influências da *EARE* no desenvolvimento fisiológico e comportamental, incluindo comportamentos sociais (por exemplo, distúrbios de comportamento, deficiência social, comportamento sexual etc.), capacidade de aprendizagem e memória, desenvolvimento estrutural e funcional do cérebro (por exemplo, desenvolvimento de neurônios e células gliais, desregulação neuroendócrina etc.). Bo Zhang, "Consequences of Early Adverse Rearing Experience (EARE) on Development: Insights from Non-Human Primate Studies", *Zoological Research* 38, n. 1 (18 de janeiro de 2017): 7.

4 Harry F. Harlow, Robert O. Dodsworth e Margaret K. Harlow, "Total Social Isolation in Monkeys". Palestra, *National Academy of Sciences*, Washington, D.C., 28 de abril de 1965, National Center for Biotechnology Information, https://www.ncbi.nlm.nih.gov/pmc/articles/PMC285801/pdf/pnas00159-0105.pdf.

o homem ocidental se olha no espelho, ele vê ao seu lado seus fantasmas feridos?

Fora das comunidades conscientemente religiosas da contracultura, a realidade geracional para quase todas as pessoas no Ocidente pode ser resumida numa palavra: *menos*. Menos irmãos, irmãs, primos, filhos, netos. Menos pessoas com quem jogar bola, conversar ou aprender. Menos gente para celebrar um nascimento; menos pessoas para visitar um leito de morte. A divisão do átomo humano em recreação e procriação causou um déficit de amor.

À medida que as vidas individuais se tornam mais desordenadas e vazias, o mesmo acontece com a nossa política. A primeira utilização da expressão "política identitária" aparece num manifesto publicado por feministas radicais afro-americanas em 1977 — precisamente quando a primeira geração nascida durante a revolução chegava à maioridade. O documento em que estreia, *The Combahee River Collective Statement*, é uma comovente janela para os tempos modernos. Declara, em essência, que suas signatárias — todas mulheres — estão rejeitando os homens de suas vidas. Elas estão se unindo em busca de um futuro em que não haja namorados e maridos não-confiáveis.[5]

Há uma linha reta entre essa declaração de fracasso e aquela publicada em 2020 pelo Black Lives Matter (e posteriormente removida de seu *site*), que também negava a possibilidade de relações saudáveis entre os sexos e dentro da família natural e nem sequer mencionava pais ou irmãos. Tanto as proclamações do Combahee River como a do BLM significam que a identidade política tomou o lugar dos laços familiares e comunitários. Ambas estão enraizadas numa fúria contra a própria criação — mais especificamente, uma raiva contra a *perturbação* da ordem natural, que a criatura agora reivindica o direito de reordenar.

---

5 Combahee River Collective, *The Combahee River Collective Statement* (abril de 1977), Universidade de Yale.

Quais lições podem ser observadas por quem encare esses dados sem tapa-olhos?

A primeira é a imperatividade da compaixão. Se o cristianismo, em particular, quiser reconstruir-se a partir dos escombros, os fiéis precisam compreender o que está sob essas rochas: um enorme e muitas vezes incompreendido ou invisível sofrimento. Trata-se de sofrimento também de pessoas em facções normalmente opostas à Igreja. Ficou fácil rejeitar as declarações públicas de políticas identitárias com termos depreciativos como "floco de neve", "mimimi" e "geração nutella". Isso ficou fácil — e é errado.

Há um denominador comum por trás dos rituais bizarros que ocorrem nos *campi* e em outros lugares, por trás de uma mídia social cada vez mais punitiva, por baixo da raiva performática do BLM — na verdade, por baixo da própria cultura do cancelamento. É a angústia. Hoje em dia, muitas pessoas que afirmam ser vítimas são, de fato, vítimas. Mas não são vítimas das opressões e exclusões que lhes ensinaram a tomar como axiais em suas autoconcepções — o "binarismo de gênero", a "heteronormatividade", o "racismo estrutural", os "fóbicos" quiméricos.

Não. Como muitos outros nascidos depois de 1960, eles são vítimas de um turbilhão destrutivo que abalou, encolheu e, de certa forma, destruiu as suas famílias, que minou as suas igrejas e desenraizou as suas comunidades. Desses destroços, a política identitária solta um uivo por um mundo mais ordenado, protetor e conectado do que a maioria dos humanos modernos pode conceber. As pessoas atraídas pela promessa da política identitária sentem que o mundo em que nasceram é, de alguma forma, desumano. Elas querem escapar.

Elas não estão erradas ao apreender que algo crucial lhes foi tirado. Estão apenas enganadas sobre o nome legítimo deste algo. E não são as culpadas por isso. Muitos crentes baixaram suas velas doutrinais, aceitando os ventos predominantes na sociedade, ou seja, ignorando as "questões sociais" que punham em risco a sua posição. Muitos também zombaram e marginalizaram os defensores da lei natural e do ensino bíblico. Um coro crescente diz: "rendamo-nos". Aceitemos que as pessoas são o que quer que digam ser. Celebre comportamentos que o cristianismo declarou proibidos durante dois mil anos. Largue a Bíblia e levante a bandeira do cara legal.

Os crentes exaustos pelas guerras culturais convencem-se de que a rendição é "amorosa". Contudo, e se o ato de abraçar as pessoas como elas são, e *apenas* como elas são, for uma atitude que ignora a sua dor e deixa de abordar essa dor — e suas razões mais profundas? O tormento lá fora é real e onipresente. Um dia, lendo à toa na *internet*, cheguei a um artigo sobre seis celebridades que recentemente se declararam "não-binárias". Após poucos minutos de pesquisa no Google, algo surpreendente se revelou: todos os indivíduos daquela lista partilhavam dois danos comuns — pais divorciados ou ausentes e abuso violento na infância ou na adolescência — abuso este, em quase todos os casos, sexual.[6]

Isso devia deixar os leitores com a pulga atrás da orelha. E se o enredo dominante sobre a autoinvenção de gênero estiver totalmente errado? E se o entusiasmo esconde lágrimas? E se o trauma da infância e da adolescência, combinado com as radicais incertezas da vida familiar e comunitária, contribuir para a atual confusão de gênero e para a transição de gênero? Se for assim, então abraçar o transgenerismo é, na melhor das hipóteses, iatrogenia; e, na pior das hipóteses, revela indiferença e sangue frio.

Terceiro, os proverbiais pedidos de ajuda não se limitam àqueles que estão confusos sobre sexo e gênero. São abundantes nos Estados Unidos e além.

---

6 Mary Eberstadt, "Might Trauma Affect Gender Identity?", *Newsweek*, 16 de julho de 2021, https://www.newsweek.com/might-trauma-affect-gender-identity-opinion-1608073. Após a publicação desse artigo, um terapeuta enviou um *e-mail* confidencial para dizer, com efeito, que todos os profissionais que se dedicam à disforia de gênero sabem que o trauma é quase sempre o denominador comum e que todos temem dizê-lo, pois isso resultaria na revogação da sua licença.

Muito antes da pandemia, novos dados indicavam um aumento acentuado dos problemas psiquiátricos entre adolescentes e jovens adultos americanos. Em 2020, as *overdoses* de drogas nos Estados Unidos atingiram o mais alto nível já registrado num período de doze meses. As "pesquisas sobre a solidão" são inúmeras destacando o isolamento dos idosos em todas as nações ocidentais. Há um impulso cada vez maior para mais eutanásia, outra consequência do atual déficit de amor. Um *tsunami* de pornografia — sobre o qual nada se ouve das pessoas que reivindicam o monopólio da "justiça social" — continua a destruir o casamento, o romance e as famílias. Quanto aos pobres, eles sempre foram a bucha de canhão da revolução. Famílias desgastadas, sem igreja e sem comunidades fortes, continuam a ser as mais atingidas.

Dentro das igrejas, bem como fora delas, mantém-se a resistência em identificar as raízes da situação atual. Isto é especialmente verdadeiro no caso dos cristãos que zombam dos seus irmãos e irmãs por suposta obsessão com as "questões sexuais". Já passou da hora de abandonar essa brincadeira e juntar-se aos ativistas contraculturais que procuram desfazer alguns dos danos que os autodenominados "reformadores" ignoram. É com estratégias de reversão, e não aquiescência, que precisamos reagir à justiça social e aos gritos dos feridos.

Como indicam os capítulos 8 a 10, a crise de identidade que agora agita o mundo ocidental infiltrou-se na Igreja. O que separa os cristãos hoje não é a ciência. Não é desejo dos tradicionalistas adorar em latim. Não são sequer as feridas autoinfligidas pelos escândalos sexuais do clero, por mais graves que sejam. Não. A divisão religiosa do nosso tempo é entre aqueles que pensam que podem envolver-se com a Revolução Sexual sem comprometer a sua fé e aqueles que estão despertando para o fato de que esta experiência foi tentada e deu errado; não apenas institucionalmente, mas moralmente. A Igreja "amigável" engana as vítimas dessa tentativa e ignora suas cicatrizes. A Igreja baseada na crença na redenção e num Criador benevolente precisa agir de outro modo.

No fim das contas, a escolha é simples. Ou se acredita que há almas em jogo — incluindo as almas daqueles que odeiam o que o cristianismo representa, ou o que pensam que ele representa — ou não. O cristianismo deve dar seu melhor testemunho do fato de que o problema da humanidade, hoje, não é com a criação. É antes a intromissão, por parte de uma experiência revolucionária em curso, no todo da criação — uma experiência que o suor, a oração e a graça ainda são capazes de reverter.

PARTE III

O que a Revolução está fazendo com a política?

5

Duas nações revisitadas

Num marcante discurso proferido em 1997, a meio caminho entre o início da Revolução Sexual e os dias de hoje, James Q. Wilson, um dos mais eminentes cientistas sociais do século XX, identificou na dissolução da família a raiz da fratura da América. Professor de Administração Pública na Universidade de Harvard, professor emérito da UCLA e ex-diretor da Associação Americana de Ciência Política, o ilustre erudito recebeu o prêmio Francis Boyer de 1997 do American Enterprise Institute no jantar anual deste *think tank*. Wilson aproveitou a oportunidade para apresentar uma nova linha de argumento sociológico: o que chamou de as "duas nações" da América.[1]

A imagem de "duas nações", explicou Wilson, remonta a um romance de 1845 de Benjamin Disraeli, então futuro primeiro-ministro da Grã-Bretanha. Eram os mundos dos ricos e dos pobres, mundos separados e sem interseção. Entre estas duas nações que Disraeli descreveu, "não havia comunicação nem simpatia" — elas eram "tão ignorantes dos hábitos, pensamentos e sentimentos uma da outra, como se fossem... habitantes de planetas diferentes".

Mais de um século e meio depois, argumentou Wilson, os Estados Unidos também haviam se tornado "duas nações", mas a linha divisória não era a do rendimento ou da clas-

1 James Q. Wilson, "Two Nations". Palestra, American Enterprise Institute for Public Policy Research, Washington, D.C., 4 de dezembro de 1997, https://www.aei.org/research-products/speech/two-nations/.

se social. Em vez disso, tudo girava em torno da família — especificamente, se alguém vinha de um lar desfeito ou intacto. "Não é o dinheiro", observou, "mas a família que é o fundamento da vida pública. À medida que ela se tornou mais fraca, todas as estruturas construídas sobre essa base tornaram-se mais fracas".

Wilson chamou a atenção para o que considerava uma catástrofe nacional incipiente: a criação de gerações de jovens desabituados com a responsabilidade e a proteção dos outros. A sua análise se beneficiou de um acervo das décadas recentes nas ciências sociais que haviam se tornado o esteio de *The Public Interest*, *Commentary* e outros espaços onde o neoconservadorismo procurava ligar séries de dados a políticas públicas transformadoras. Também se somava a um conjunto cada vez maior de trabalhos sobre os problemas notoriamente (e infamemente) identificados em 1965, no relatório de Daniel Patrick Moynihan, *The Negro Family.* Em 1997, como explicou Wilson, o colapso familiar na América já não era um fenômeno do gueto, mas um fato nacional.

Wilson indicou, acima de tudo, os muitos livros e estudos que afirmam correlações entre a vida doméstica e a vida pública. A estrutura familiar, demonstrou ele, tornara-se um fator mais importante para resultados positivos do que a raça, o rendimento ou a posição social à hora do nascimento:

> As crianças de famílias monoparentais, em comparação com as de famílias biparentais, têm duas vezes mais probabilidades de abandonar a escola. Os meninos de famílias monoparentais têm muito mais probabilidade de deixar da escola e ficar desempregados do que aqueles de famílias biparentais. As jovens que vivem em famílias monoparentais têm duas vezes mais probabilidades de ter filhos sem serem casadas do que as que vivem em famílias com dois pais. Estas diferenças não são explicadas pela renda... As crianças criadas em lares monoparentais têm maior probabilidade de serem suspensas na escola, de exibirem problemas emocionais e de se comportarem mal.

A investigação demonstrou expressivamente que a estabilidade familiar ultrapassara os bens materiais como a principal moeda destas duas novas nações. Atualmente existem tantas evidências sociocientíficas desses fatos, brincou Wilson, que "até alguns sociólogos acreditam neles".

O comentário foi feito em tom de brincadeira, mas pressagiava a nossa difícil situação atual. Mesmo antes de 1997, evidências de todas as ciências sociais *já* indicavam que a Revolução Sexual estava deixando um legado de destruição. Após muitos mais livros, doutores e pesquisas, toda uma nova ala foi acrescentada à mesma biblioteca na qual Wilson se baseara, demonstrando o ponto de vista dele: a nova riqueza na América é a riqueza na relação familiar, e a nova pobreza é a pobreza na relação familiar.

Décadas mais tarde, já passou da hora de fazer uma pergunta radical: qual tem sido o resultado de tanta ciência social? Ela ajudou a reunificar as duas nações? Melhorou os problemas que Wilson e outros pensadores ousados têm elucidado desde a década de 1960?

A resposta para as três perguntas é não. Reconhecer esta realidade não equivale a pôr a culpa nos estudos. Ao lado de Wilson há outros analistas pioneiros que, ao longo de décadas, têm estado à frente de seu tempo, entre os quais Midge Decter, George Gilder e Lionel Tiger até pioneiros contemporâneos como os sociólogos W. Bradford Wilcox e Mark Regnerus.[2] Naquela época, como agora, o trabalho deles é vital, mas confronta a antiga aversão pós-revolucionária ao reexame das consequências da liberação sexual. Como resultado, os problemas sociais trazidos por ela continuam a florescer. Considere três exemplos.

---

2 Ver Midge Decter, *The New Chastity and Other Arguments against Women's Liberation*, Londres, Wildwood House, 1973; George Gilder, *Sexual Suicide*, Chicago, Quandrangle, 1973; Lionel Tiger, *The Decline of Males: The First Look at an Unexpected New World for Men and Women*, Racine, WI, Golden Books Publishing, 1999; W. Bradford Wilcox, *Why Marriage Matters: Thirty Conclusions from the Social Sciences*, 3ª ed., Nova York, Broadway Books, 2011; Mark Regnerus, *Cheap Sex: The Transformation of Men, Marriage, and Monogamy*, Oxford, Oxford University Press, 2017.

A primeira é aquela que ninguém previu: em todo o país, revelações sobre assédio sexual generalizado e o subsequente movimento #MeToo.

Em 2017, alguns relatos isolados sobre a depravação em Hollywood transformaram-se numa enxurrada de revelações de abuso sexual numa após outra indústria de alto nível. Durante os anos seguintes, a atenção pública concentrou-se no trafegar dos detalhes destes casos — os julgamentos dos acusados, as vítimas, os homens poderosos e destituídos do poder por acusações formuladas com padrões de comprovação extremamente variados.

No entanto, apesar de toda a atenção que estas histórias com final infeliz atraíram no ciclo noticioso, o ponto mais saliente que levantaram passou amplamente despercebido. A enorme magnitude dos escândalos #MeToo apontou para uma questão completamente diferente: qual foi o fator exato que tornou possíveis estes multidimensionais abusos, reais ou alegados?

Afinal, como na época comentaram os especialistas mais céticos, o mau comportamento de certos homens não é exatamente uma novidade. Mas que haja, em cada vertical de mercado, homens que tomam como certa a disponibilidade sexual de qualquer mulher — isso *é* novidade. Isto é algo que só a pílula e tecnologias relacionadas poderiam ter tornado possível. Somente numa sociedade onde a esterilidade sistêmica é a norma algum homem ousaria imediata e repetidamente propor sexo a muitas mulheres, como parece ter sido o caso nas revelações do #MeToo.

Em outras palavras: se não houvesse a pílula, não haveria os escândalos de assédio sexual na escala hoje vista.

O movimento #MeToo também se cruza com a ordem pós-pílula de outra forma mais sutil. A diminuição da família não só libertou as mulheres para se comportarem como os homens no ambiente de trabalho remunerado. Esses benefícios também foram adquiridos contra perdas numéricas. Para começar, muitos homens se viram prejudicados pela subtração demográfica de irmãs e filhas. Muitas mulheres foram igualmente privadas de irmãos e filhos. E, claro, o divórcio e a coabitação também subtraíram os genitores biológicos, especialmente os pais, da vida de muitos rapazes e moças.

Qual pode ser o saldo dessas perdas? Uma resposta é: um mundo em que cada um dos sexos sabe menos sobre o outro do que antes — no qual muitas mulheres não conhecem mais nenhum homem que atue como protetor, mas apenas como predador. E muitos homens que não têm irmãs, primas e outras relações familiares com mulheres "aprendem" sobre as mulheres principalmente através de outros meios, incluindo as mentiras absorvidas ao ver pornografia.

Certamente a violência revelada em muitas narrativas do #MeToo seguia o roteiro pornográfico. Detalhes terríveis fizeram com que os observadores se perguntassem: *o que há de errado com esses homens? Eles não têm mães, irmãs e outras mulheres em suas vidas? Como eles puderam agir assim, se tudo isso for verdade?* A resposta pode muito bem ser que muitos homens hoje em dia *não* têm muita experiência familiar com o sexo oposto — e muitas mulheres também não.

Cada vez mais pessoas também não têm experiência com a religião organizada. Esta nova forma de incultura tem implicações sociais de longo alcance, incluindo a forma como os sexos se comportam um com o outro — ou não. As pessoas com experiência religiosa são instruídas a se tratarem uns aos outros como irmãos e irmãs, unidos em comunhão. Graças aos muitos atos de subtração humana desde a década de 1960, este caminho para o conhecimento social é outro que parece mais inacessível do que antes.

Mais uma vez, note a ironia: a revolução tornou o sexo mais onipresente do que nunca. Mas também afastou homens e mulheres como nunca, tanto pela redução da família como pelo aumento da desconfiança graças ao consumismo sexual generalizado. A pornografia e os pornografizados aplicativos de namoro, como o Tinder, envenenam o romance, ensinando as pessoas a por outros membros da espécie *Homo sapiens* numa espécie de lista de compras, com tanta premeditação quanto ao comprar fones de ouvido e tapetes de ioga.

Uma consequência teria sido impensável até as décadas mais recentes: a pornografia é hoje uma causa muito citada nos divórcios.[3] Suas mentiras não só circulam — elas são *acreditadas* e afetam o comportamento pessoal. Quando um notável apresentador de televisão caiu em desgraça após múltiplas acusações do que qualquer mulher chamaria de conduta abusiva, ele disse em um comunicado: "Sempre senti que estava tentando dar vazão a sentimentos compartilhados".[4] Por mais terrível que sua conduta tenha sido, essas palavras soam autênticas. Muitos homens acreditam, de forma semelhante, nas inverdades que se têm espalhado pela raça humana há meio século — começando com o sofisma de que ambos os sexos têm a mesma opinião sobre o sexo recreativo e supostamente livre de consequências.

Observar a potência de tal desinformação não significa desculpar os infratores. Trata-se apenas de reconhecer que a confusão em massa de uma ordem totalmente nova atualmente devasta o romance. A título de ilustração, vem à mente a magnífica e frequentemente fotografada escultura *Ex Nihilo* do escultor Frederick Hart, na fachada da Catedral Nacional de Washington. A obra retrata belos corpos humanos emergindo do caos enquanto Deus cria o mundo. Após a revolução, o romance para muitos parece o oposto do que Hart retratou tão ternamente. Hoje, os belos seres humanos não surgem totalmente formados do caos, mas, em vez disso, mergulham no caos como Paolo e Francesca

---

3 David Shultz, "Divorce Rates Double When People Start Watching Porn", *Sciente*, 26 de agosto de 2016, https://www.science.org/content/article/divorce-rates-double-when-people--start-watching-porn.

4 Irin Carmon e Amy Brittain, "Eight Women Say Charlie Rose Sexually Harassed Them", *Washington Post*, 20 de novembro de 2017.

descritos por Dante — cercando-se incessantemente, mas sem nunca tocar-se de fato.

Consideremos agora três outras formas pelas quais as mesmas mudanças sociais desestabilizam a ordem política atual.

Uma delas diz respeito ao estado de bem-estar social moderno e à sua sustentabilidade nas próximas décadas. Não é preciso ser um economista para ver que os regimes de segurança social baseados no tamanho das famílias de antigamente entrarão em colapso sob a anticonjugalidade e antinatalidade atuais. Também é óbvio que a família fragmentada é um importante motor do próprio estado de bem-estar social. O governo paternal é o financiador que torna possível a maternidade da mãe solteira — e a paternidade do pai ausente.

Com efeito, o Estado tornou-se o investidor anjo da disfunção familiar. O governo paternal intervém para juntar os pedaços da família despedaçada — mas, nessa rolagem da dívida, o governo paternal garante mais do mesmo. Os economistas gostam de dizer que, se queremos garantir que haja mais de algo, o caminho é subsidiar esse algo. É exatamente isso que o estado de bem-estar social tem feito nas sociedades livres do Ocidente: subsidiar a desagregação familiar. A divisão da família tornou o governo moderno um superpai rico, mas controlador.

Esta dinâmica tem implicações políticas profundas.[5] Mais de 40% das crianças nascidas hoje nos Estados Unidos são filhas de pais solteiros.[6] Há vinte anos, esse número era de cerca de um terço. A menos que ocorra *alguma* forma de renascimento moral ou religioso, o Estado continuará a desempenhar o papel de superpai. Em outras

---

5 Isto é especialmente verdadeiro para os americanos que se consideram conservadores e constitucionalistas em primeiro lugar. A menos e até que haja um renascimento familiar e religioso, a argumentação em favor de um governo limitado será inútil.

6 Elizabeth Wildsmith, Jennifer Manlove e Elizabeth Cook, "Dramatic Increase in the Proportion of Births Outside of Marriage in the United States from 1990 to 2016", *ChildTrends*, 8 de agosto de 2018, https://www.childtrends.org/publications/dramatic-increase-in-percentage-of-births-outside-marriage-among-whites-hispanics-and-women-with-higher-education-levels.

palavras: se a Revolução Sexual não diminuir, o governo federal não diminuirá.

Uma segunda forma pela qual a revolução transformou a política é igualmente importante. Trata-se do vínculo simbiótico entre a diminuição da família e a ascensão das políticas identitárias. Como o Capítulo 7, "A fúria dos sem-pais", explica com mais detalhes, a atual auto-obsessão é mais uma consequência do déficit familiar pós-revolucionário. Como em nenhuma ocasião além de períodos de guerra ou de catástrofes naturais, as relações orgânicas foram rompidas. Temos menos oportunidades de aprender no círculo de confiança da família do que as pessoas das gerações precedentes, porque temos muito menos pessoas com quem aprender. Libertos da natureza *material*, deparou-nos um custo *imaterial* — o de um senso seguro de identidade e de lugar no mundo.

Um terceiro tipo de consequências políticas é mais prosaico, embora não menos convincente. Há mais de duas décadas, há muitas evidências de que o sofrimento existencial tornou-se comum para muitos. Na raiz desse fato deve haver algo ligado à vida no Ocidente moderno.

Isso também se reflete na política. A eleição presidencial de 2016 foi considerada uma das mais rancorosas da história — um novo fundo do poço para a política americana, mas certamente refletia um descontentamento social ainda maior a pairar sob a superfície. Dos Estados Unidos à Europa Ocidental, e mais além, os cidadãos das sociedades materialmente mais avançadas do mundo sentem-se irritados, ignorados e desrespeitados em seus direitos. E hoje, ainda mais do que em 1997, é incontestável que a política por si só não curará as suas feridas.

Nos Estados Unidos, milhões de pessoas continuam a recorrer ao governo e às "tribos" político-culturais para substituir o que perderam — conexão com sua família e comunidades transcendentes.[7] Análises bem informadas da América

7 Não num sentido metafísico, mas relacional. [N. T.]

rural, da epidemia de opiáceos e do desaparecimento dos empregos na indústria explicam parte desta dor.[8] Mesmo assim, sob crises visíveis como o desemprego no Cinturão da Ferrugem e a explosão dos opiáceos, a linha de ruptura continua sendo aquela que Wilson identificou: a família.

A globalização, é claro, faz parte desta mesma crise. O mesmo acontece com o imediatismo da *internet*, que mostra aos despossuídos, detalhadamente e de forma mais pessoal do que nunca, aquilo de que os possuidores desfrutam, ao mesmo tempo que proporciona aos irritados e descontentes um poder de ajuntamento que até agora não lhes havia sido dado. Mesmo assim, o que atualmente mais aflige grandes áreas do país é algo mais fundamental do que a disparidade de rendimentos ou o coeficiente de Gini, e mais natural do que qualquer ato digital de proximidade.

A reação sugerida por James Q. Wilson à questão pós-revolucionária era lenitiva e, essencialmente, política. Ele defendia uma precoce, extensa e dispendiosa intervenção em prol das crianças mais novas em risco, com base no fato de as ciências sociais também terem demonstrado que esses primeiros anos eram críticos. Muitos hoje olhariam com mais frieza para a possibilidade de proporcionar algum alívio via ação governamental. Os problemas mais profundos da América vêm de um lugar mais primordial.

Ser "ouvido", "visto" e "reconhecido" não é a essência da política democrática habitual. O desespero encarnado nas atuais taxas de vício em substâncias, ou no fato relacionado de que psiquiatras e psicólogos têm relatado há muitos anos que os problemas de saúde mental têm aumentado, especialmente entre as mulheres e os jovens, também não é. A política, por si só, não criou estes problemas. É por isso que a política também não os resolverá.

---

8 Ver Beth Macy, *Dopesick: Dealers, Doctors, and the Drug Company That Addicted America*, Nova York, NY, Little, Brown and Company, 2018; Sam Quinones, *Dreamland: The True Tale of America's Opiate Epidemic*, Londres, Bloomsbury Publishing, 2015; e o próximo livro de Quinones sobre a subsequente explosão de drogas sintéticas, *The Least of Us: True Tales of America and Hope in the Time of Fentanyl and Meth*, Londres, Bloomsbury Publishing, 2021.

Os becos do gim de Londres deram origem à renovação moral vitoriana. O caos violento de uma América gerou o Grande Avivamento, que continua ecoando pelos mais robustos salões do protestantismo americano. Ondas anteriores de dependência de drogas na América — cocaína, crack, metanfetamina e até mesmo nicotina — não são mais focos de grande preocupação pública, pois tais crises passaram. Como observou Wilson, explicando o seu próprio otimismo apesar da análise inabalável: "Disseram à América que ela seria destruída pela escravatura, pelo álcool, pela subversão, pela imigração, pela guerra civil, pelo colapso econômico e pelas bombas atômicas, mas ela sobreviveu a tudo isso".

Em novembro de 2017, após semanas de escândalos, o *Washington Post* publicou um artigo que, antes de Harvey Weinstein, teria sido impensável naquele porta-estandarte do secularismo. "Let's Rethink Sex" (vamos repensar o sexo), da colunista Christine Emba, criticava o que ela chama de "a prevalecente e problemática ética sexual da América — em grande parte responsável por nos trazer a este caos de má conduta sexual".[9]

Esse artigo foi um prenúncio do que se tornou um novo e óbvio revisionismo. As lições do movimento #MeToo talvez ainda consigam fazer o que gerações de clérigos não conseguiram: obter uma nova audiência para o tradicionalismo, ou pelo menos uma nova visão do liberacionismo-vale-tudo.

A navalha de Occam se inclina em direção à verdade. Os tradicionalistas e outros opositores têm razão ao argumentar que a revolução levaria a problemas crescentes entre os sexos e a um declínio no respeito pelas mulheres — assim como James Q. Wilson continua certo ao dizer que a família e a falta de família substituíram o próprio dinheiro

---

9 Christine Emba, "Let's Rethink Sex", *Washington Post*, 26 de novembro de 2017, https://www.washingtonpost.com/opinions/lets-rethink-sex/2017/11/26/d8546a86-d2d5-11e7-b62d-d9345ced896d_story.html.

como métricas mais precisas da verdadeira riqueza e pobreza da nação.

As décadas futuras mostrarão se os escândalos sexuais seculares de 2017 e 2018 equivalem a um drama noticioso passageiro ou, em vez disso, a um verdadeiro divisor de águas na compreensão que a sociedade tem de si mesma. Entretanto, o registo empírico permanece ainda mais claro agora do que era há vinte anos — e continuará a ser claro daqui a vinte, ou mesmo duzentos anos, ainda que visto por gerações treinadas na negação.

6

Como a disparidade familiar afeta a liberdade no Ocidente

A noção de que a América de Hugh Hefner causou prejuízos políticos, incluindo custos econômicos crescentes, pode parecer contraintuitiva. No entanto, os exemplos oferecidos no capítulo anterior são apenas o começo. Há outra repercussão igualmente fundamental que, com frequência cada vez maior, se levanta nos tribunais — e ela se levanta porque a agenda liberacionista se mantém em rota de colisão com os ensinamentos essenciais do cristianismo. Quanto mais tempo essa agenda permanecer valorizada na lei, mais a liberdade religiosa estará em risco.

Considere um instantâneo. Num discurso à Sociedade Federalista em novembro de 2020, o juiz do Supremo Tribunal Samuel A. Alito Jr. reiterou a sua preocupação de que, "em certos setores, a liberdade religiosa está se tornando um direito em desaprovação".[1] Não é de admirar que tivesse esse tema em mente. Uma semana antes, o tribunal tinha ouvido alegações orais em mais um caso seminal de liberdade religiosa, *Fulton vs. Cidade da Filadélfia*. Nele, os Serviços Sociais Católicos (CSS) — uma das cerca de trinta agências utilizadas pela cidade para destinar crianças

1 Samuel A. Alito Jr. Discurso principal na Convenção Nacional de Advogados, Federalist Society, 12 de novembro de 2020, https://www.rev.com/blog/transcripts/supreme-court-justice--samuel-alito-speech-transcript-to-federalist-society.

adotivas a lares privados — reivindicaram isenção religiosa para a sua política de colocar crianças em ambientes familiares tradicionais, com mãe e pai.

Até aqui, poder-se-ia pensar, nada notável: uma agência católica conforma as suas boas obras aos princípios católicos. Mas e os casais não tradicionais, como os formados por pessoas do mesmo sexo? Acontece que os CSS não tinham sido procurados por nenhum desses casais em busca de filhos — provavelmente porque todas as outras trinta agências permaneciam à sua disposição. Na verdade, os CSS encaminhariam os casais homossexuais para essas outras agências, se necessário. Até então, pelo menos, a Filadélfia parecia desfrutar de uma solução do tipo "viva e deixe viver", com uma política pluralista em que diversos pontos de vista coexistem. Ninguém parece ter sofrido com as políticas dos CSS e as crianças que necessitavam de lares amorosos pareciam estar sendo ajudadas.

Por que, então, a Filadélfia parou de encaminhar crianças adotivas para os CSS, desencadeando assim o processo que levou este caso ao tribunal? Como observou o juiz Alito: "Se formos honestos sobre o que realmente está acontecendo aqui, não se trata de garantir que os casais do mesmo sexo na Filadélfia tenham a oportunidade de serem pais adotivos. Trata-se do fato de a cidade não suportar a mensagem que os Serviços Sociais Católicos e a arquidiocese enviam quando continuam fiéis à visão conjugal antiquada".[2] O juiz Brett Kavanaugh também comentou sobre a agressividade ideológica dos adversários dos CSS; "a Filadélfia", observou ele, estava "procurando uma briga" ao encerrar os encaminhamentos aos CSS.

Em 2021, o tribunal proferiu decisão unânime, decidindo que a recusa da cidade em atender o contrato violava a Cláusula de Livre Exercício. Embora tenha sido uma vitória para a liberdade religiosa, foi de pouco alento: os

2 Michael Foust, "Supreme Court Appears Poised to Side with Religious Liberty in LGBT Adoption Case", *Christian Headlines*, 5 de novembro de 2020.

fundamentos da sentença eram tão limitados que deixaram inquietos os partidários de ambos os lados, desejosos de um veredito mais taxativo.[3]

Mesmo assim, o significado desta disputa específica vai além da sentença. O caso da Filadélfia junta-se a uma lista crescente em que o bem-feito por pessoas conhecidas como cristãs foi punido com processos judiciais financeiramente desgastantes e de outras formas — mesmo quando, como no caso *Fulton vs. Cidade da Filadélfia*, inexiste dano a quem quer que seja. Assim, as Irmãzinhas dos Pobres têm sido arrastadas pelos tribunais durante anos, denunciadas e ameaçadas de outras formas, embora o seu alegado crime social — opor-se a serem forçadas a fornecer métodos contraceptivos — não tenha impedido uma só alma, no passado ou no presente, de localizar todos os tipos de tais métodos em todos os lugares dos Estados Unidos. A Masterpiece Cakes, no Colorado, foi perseguida por se recusar a participar de casamentos de homossexuais — embora a parte antagônica jamais corresse perigo de ficar sem bolo de casamento ou qualquer item nupcial, após o caso *Obergefell vs. Hodges*.

Tais casos despertam a suspeita de que certas pessoas são alvos de processos e assediadas nos tribunais *porque* são cristãos praticantes. Como Rod Dreher resume: "[Uma] militância progressista — e profundamente anticristã — está constantemente dominando a sociedade... [Ela] toma forma material no governo e nas instituições privadas, nas corporações, na academia e na mídia, e nas mudanças práticas da vida cotidiana americana... praticamente não há onde se esconder".[4]

---

3 Ver Madeline Carlisle e Belinda Luscombe, "Supreme Court Sides with Catholic Agency in LGBTQ Foster Care Case — But Avoids Major Religious Freedom Questions", *Time,* 17 de junho de 2021, https://time.com/6074119 /supreme-court-foster-care-ruling-fulton-philadelphia/.

4 Rod Dreher, *Live Not by Lies: A Manual for Christian Dissidents*, Nova York, Sentinel 2020, xiii.

Dreher e outros concentram-se naturalmente no que esta nova animosidade está causando entre os fiéis. Igualmente crucial é outra questão que também moldará o futuro do cristianismo na América e, aliás, de todos os outros: de onde vem essa animosidade?

Afinal de contas, não se pode dizer que o conservadorismo social ou o tradicionalismo religioso orientam o tráfego cultural de hoje. O casamento entre pessoas do mesmo sexo é legal nos Estados Unidos desde 2015. Atores, atletas, celebridades, influenciadores, modelos e participantes de concursos de beleza transgêneros se tornaram tão onipresentes quanto as marcas registradas da Disney. A marcha gramsciana através das instituições teve seu maior sucesso no sistema escolar público, onde há anos estão consolidados os pornográficos currículos de "educação sexual" do jardim de infância em diante, com os pais apenas começando a questionar a maré progressista. Enquanto isso, apesar de todo o assustado falatório dos subservientes, o aborto sob demanda vai em frente em seu sangrento galopar.

Hollywood, o Vale do Silício e quase todas as faculdades de ciências humanas do país estão completamente repaganizadas. O mesmo acontece com os departamentos de recursos humanos e as filosofias corporativas de muitas empresas americanas. O mesmo ocorre, especialmente, com as Big Tech. E, com algumas exceções, as igrejas permanecem rendidas. Divididas por longas guerras internas a respeito da Revolução Sexual, não há lugar em que elas estejam atuando na ofensiva nesta grande disputa para decidir quem é o dono do patrimônio cultural do Ocidente vindouro.

Então, o que continua a incitar as pessoas que aceitam viver e deixar viver quando o assunto é cristianismo?

Uma das culpadas é a burocracia pedestre e arraigada. Como Teddy Brewster (personagem do filme *Este mundo é um hospício*), que não entende que a batalha pela colina de San Juan já terminou há algum tempo, os ativistas do alfabeto de hoje continuam atacando... *algum lugar*. E assim, os vitoriosos defensores do casamento entre pessoas do mesmo sexo, longe de fazerem as malas e voltarem para casa, passados tantos anos do caso *Obergefell*, expandem os seus portfólios políticos com novas exigências — como a remoção das licenças das escolas cristãs ou que rapazes biológicos sejam forçados a participar em equipes desportivas de moças biológicas. Este tipo de inchaço burocrático é fruto de algo prosaico conhecido como "missão exagerada".

Cabe também uma resposta mais sistêmica à questão da atual animosidade contra o cristianismo. Uma revisita à família americana mostra que ela mudou radicalmente nos últimos sessenta anos. Hoje, menos de um quinto das unidades familiares se encaixa no modelo de "família nuclear": mãe, pai e filhos. Em 1960, esse número era de 45%.[5] A família encolheu, também. Reiterando um ponto crucial já mencionado, as crianças de hoje têm uma probabilidade de terem irmãos — e, por extensão, primos, tias e tios — consideravelmente menor do que a que tinham há sessenta anos. Quase 30% de todos os lares abrigam apenas uma pessoa. Cerca de 40% de todas as crianças não têm um de seus genitores em casa.

Essas importantes e onipresentes mudanças na familiaridade tiveram, e continuam a ter, importantes e onipresentes consequências. Como poderiam não ter? Um mundo com laços familiares menos numerosos e mais fracos é um mundo em que as pessoas destituídas ficam furiosas pelas coisas que não têm ou não experimentam.

A principal prova é a aparentemente bizarra manifestação da esquerda em resposta à nomeação da juíza Amy Coney Barrett para a Suprema Corte. "Uma fanática anti-escolha com sete filhos" era uma difamação frequente.[6]

---

5 Eric Schmidt, "For First Time, Nuclear Families Drop Below 25 Per cent of Households", *New York Times*, 15 de maio de 2001, https://www.nytimes.com/2001/05/15/us/for-first-time-nuclear-families-drop-below-25-of-households.html.

6 Amanda Marcotte, "Why Are Republicans Obsessed with Amy Coney Barrett's Kids? To Troll Feminists", *Salon*, 13 de outubro de 2020, https://www.salon.com/2020/10/13/why-are-republicans-obsessed-with-amy-coney-barretts-kids-to-troll-feminists/.

Em sua sabatina, houve uma "obsessão pelas crianças" e elas "foram usadas como temas de debate", demonstrando a "maternidade prolífica" de Barrett, queixou-se o *Washington Post*.[7] Ativistas do novo racialismo, incluindo Ibram X. Kendi, diretor do recém-criado Centro de Pesquisa Antirracista da Universidade de Boston, lançaram calúnias horríveis sobre o fato de dois dos filhos dos Barrett terem sido adotados no Haiti.[8] Sob os disparos no fim das contas ineficazes, praticamente se ouvia o suspiro coletivo: *Sete filhos? Quem faz isso?*

Mais uma vez, a questão é inevitável: as práticas pós-revolucionárias significam que o acesso a alguns bens humanos básicos se tornou problemático. Até agora, por exemplo, gerações de mulheres americanas foram criadas para temer a própria fertilidade e ver a vida como um jogo de soma zero em que os bebês equivalem ao cancelamento da carreira. À força do seu mero exemplo, a juíza Barrett deu àquelas pessoas o maior choque das suas vidas. E ao suscitar, ainda que tacitamente, o pensamento proibido de que, afinal, a vida familiar e a realização profissional podem acontecer em paralelo, o seu exemplo sem dúvida desencadeou outras noções indesejadas, há muito suprimidas — incluindo sobre as famílias e a sua preeminência independente do contexto.

A ira dirigida aos Barrett revelou duas correntes mais profundas dos agitados mares sociais de hoje. Em primeiro lugar, muitos americanos, especialmente na corrente progressista, ignoram o que até ontem era uma realidade elementar — que existem famílias intactas com mais de um ou

---

7 Robin Givhan, "Supreme Court Nominee Amy Coney Barrett Has Seven Kids. And Don't You Dare Forget It", *Washington Post*, 12 de outubro de 2020, https://www.washingtonpost.com/nation/2020/10/12/supreme-court-nominee-amy-coney-barrett-has-seven-kids-dont-you-dare-forget-it/.

8 "Alguns colonizadores brancos 'adotaram' crianças negras. Eles 'civilizaram' estas crianças 'selvagens' segundo os modos 'superiores' dos brancos, usando-as como adereços em suas histórias de negação, enquanto excluíam do retrato da humanidade os pais biológicos destas crianças". Ibram X. Kendi (@DrIbram), *Twitter*, 26 de setembro de 2020. Este *tweet* foi posteriormente excluído por Kendi.

dois filhos. Em segundo lugar, as mulheres *woke*, em particular, podem ficar furiosas ao ver uma mãe com marido e vários filhos. Isto leva-nos de volta aos déficits causados pela revolução e as suas promessas espúrias. O que é a fúria senão o outro lado da perda?

Consideremos um segundo exemplo de como a carência de conexões, antes suprida pela família, deforma a política: os protestos e motins impulsionados pelo BLM que agitaram cidades de todo o país ao longo de 2020. O capítulo a seguir, "A fúria dos sem-pai", examina detalhadamente esses fenômenos; nesta altura, algumas observações preliminares sobre as ligações entre desordem familiar e desordem social podem ajudar a preparar o cenário.

Quem, para começar, tem recursos suficientes para participar de protestos noite após noite durante meses a fio, como aconteceu durante anos em Portland, Oregon? Na maior parte, não são pessoas que vivem em famílias e, com certeza, não são mães e pais que cuidam de crianças pequenas.

As biografias de alguns dos agentes envolvidos em tragédias específicas enfatizam esse ponto. Consideremos o perfil do tiroteio em Kenosha, Wisconsin, durante uma manifestação em 25 de agosto. O atirador, Kyle Rittenhouse, de dezessete anos, morava com sua mãe solteira.[9] Pelo menos dois dos três homens baleados, e que participavam regularmente dos protestos no centro da cidade, eram filhos de lares desfeitos.[10] Dois dos manifestantes também tinham filhos e não eram casados. E assim por diante. Tais vertentes biográficas entrelaçam as histórias de outros jovens descomprometidos com desproporcionais níveis de atração por

---

9 Jemima McEvoy, "Kyle Rittenhouse's Mother Says Her Son Shouldn't Have Been in Kenosha", *Forbes*, 10 de novembro de 2020.

10 Vanessa Romo e Sharon Pruitt-Young, "What We Know about the 3 Men Who Were Shot by Kyle Rittenhouse", *NPR*, 20 de novembro de 2021, https://www.npr.org/2021/11/20/1057571558/what-we-know-3-men-kyle-rittenhouse-victims-rosenbaum-huber-grosskreutz.

grupos que funcionam como famílias substitutas — sejam gangues de rua, BLM ou outros grupos identitários, tanto de direita como de esquerda.

Considere um caso de 2019 em Eugene, Oregon.[11] Um jovem, em meio a uma disputa de guarda, foi baleado e morto pela polícia na escola de sua filha. Ele carregava uma arma e tinha um pente extra no cinto. Veterano, ele se divorciou da esposa, após o que se envolveu com uma série de grupos ativistas dentro e fora do *campus* de sua faculdade. Entre estes havia organizações de latinos e LGBTQ, bem como uma comunidade de autodefesa que dava treinamento no uso de armas de fogo. No final de sua curta vida, esse possível atirador também usava os pronomes "they/them"[12] para se referir a si mesmo.

Sua história trágica poderia ser interpretada, de várias maneiras, como um conto de advertência sobre o trauma em tempos de guerra, sobre a facilidade nociva na obtenção de armas de fogo, sobre o preconceito policial contra as minorias sexuais, ou sobre algum outro tópico político da época. Mas certamente a sua legenda primordial seria: *este homem sofreu ao ser radicalmente separado de sua família, e a este sofrimento seguiu-se uma dissolução de sua identidade que culminou em violência e morte.*

Que a perda nos vínculos familiares tenha algo a ver com os protestos de 2020 é algo revelado também por algumas das teatralidades do BLM: acender holofotes contra casas de particulares, acordar famílias com gritos no meio da noite e interromper refeições ao ar livre. Este último ataque misantrópico já tem uma fornida história entre os ativistas de esquerda nos Estados Unidos. Em 2015 teve início em Oakland, Califórnia, o #BlackBrunch, um conjunto semelhante de movimentos que também irrompia

---

11 Christian Hill, "Love and Rage", *Register-Guard*, 14 de março de 2019.

12 Sem equivalente em português, é a única forma da terceira pessoa no plural em inglês e, por não flexionar segundo o gênero, é entendida como pronome neutro quanto ao gênero do substantivo que designa. [N. T.]

agressivamente em lanchonetes em cidades de todo o país.[13] O objetivo declarado dessas intrusões era invadir "espaços tradicionalmente brancos" para aumentar a conscientização sobre o sofrimento dos negros.

Mas o que há de especificamente "branco" em jantar fora? Nessa questão, o mais revelador é *o quê* está sendo interrompido. As pessoas jantam fora com familiares e amigos — suas menores e mais queridas comunidades. Na raiva captada em vídeos durante o verão de 2020, surge outra possibilidade para a origem destas perturbações: ressentimento contra aqueles que desfrutam dos seus laços sociais e familiares. Por que outro motivo alguém exultaria em arruinar um dos prazeres universais da vida: passar algum tempo em um ambiente descontraído, só com seus entes queridos e amigos?

Como indica a expressão "famílias em protesto", outros detalhes também sugerem que parte do descontentamento que existe tem raízes relacionadas à família. Por exemplo, foi relatado que durante o verão de 2020 em Portland os manifestantes insultaram os policiais gritando "Seus filhos vão odiar vocês".[14] Que tipo de declaração política é essa, se não for uma declaração de raiva contra pessoas que *têm* família? Da mesma forma, em todos os Estados Unidos, turbas em fúria derrubaram monumentos de líderes do passado — não apenas de confederados, mas de qualquer coisa que se parecesse com uma figura de autoridade masculina, incluindo uma de Mahatma Gandhi em Washington. Derrubar a estátua de um confederado é uma declaração política. Derrubar estátuas de homens indiscriminadamente é sinal de trauma com o pai.

E é aqui que as turbas despojadas e desenfreadas de 2020 se cruzam indelevelmente com a nova animosidade

---

13 Lee Romney, "#BlackBrunch Brings Peaceful Protest to Oakland Restaurants", Los *Angeles Times*, 4 de janeiro de 2015, https://www.latimes.com/local/california/la-me-black-brunch-20150105-story.html.

14 Douglas Murray, "My Week with the Baying Antifa Mob", *Spectator*, 24 de outubro de 2020, https://www.spectator.co.uk/article/my-week-with-the-baying-antifa-mob.

contra o cristianismo. O ano de 2020 não foi notável apenas por causa do BLM e de outros distúrbios nas ruas. O descontentamento trouxe consigo um impressionante aumento de ataques a igrejas e outras estruturas religiosas em todo o país, como a Conferência dos Bispos Católicos dos Estados Unidos resumiu num comunicado de imprensa expressando o alarme face a este aumento de vandalismo e profanações.[15]

Pelo menos 37 incidentes ocorreram em vinte estados depois de 22 de junho daquele ano. Ainda se desconhece a causa de um deles: o incêndio na Missão San Gabriel Arcángel, na Arquidiocese de Los Angeles. Os incidentes incluem incêndio criminoso; decapitação, desmembramento, quebra e pintura de estátuas; lápides desfiguradas com suásticas e linguagem anticatólica e a queima de bandeiras americanas próximas a elas, e outros exemplos de destruição e vandalismo. A lista completa de detalhes ocupava seis páginas e meia, sem muito espaçamento. Da mesma forma, tanto o vazamento do rascunho da sentença para o caso *Dobbs* do Supremo Tribunal como a divulgação da própria decisão foram seguidas por ondas de profanação e vandalismo, dirigidas principalmente às propriedades católicas. Tudo isso levanta a questão: por que igrejas?

Afinal, se os protestos eram sobre racismo, é difícil ver o benefício de atacar locais de culto — especialmente a Igreja Católica, cujo clero esteve na linha da frente do movimento pelos direitos civis, cujas escolas rurais e urbanas têm estado entre os mais garantidos caminhos para uma vida melhor há gerações, e cuja hierarquia global e corpo leigo incluem representantes de todos os tons de melanina conhecidos na natureza.

A resposta só pode ser que, como os mais visíveis defensores remanescentes da família tradicional, as igrejas são

15 Conferência dos Bispos Católicos dos Estados Unidos, "One Hundred Incidents of Vandalism Reported at Catholic Sites in U.S. Since May 2020", comunicado à imprensa, 14 de outubro de 2021.

para-raios naturais da raiva e do opróbrio que uma ordem social privada de laços familiares robustos invariavelmente produz. Mais uma vez, o choque entre a intransigente beligerância religiosa do secularismo, por um lado, e a liberdade religiosa garantida pelas repúblicas constitucionais, por outro, parece ter-se tornado um conflito perpétuo.

A negação de que a América esteja doente porque as suas famílias estão doentes é uma ferida que não sara, sem dúvida.[16] Num artigo publicado em 2021 no *The Atlantic*, anunciando que "A família nuclear foi um erro", David Brooks (colunista do *New York Times*) reconhece de passagem que a implosão familiar da América desencadeou "uma epidemia de trauma", especialmente entre os mais desfavorecidos.[17] Mesmo assim, argumenta ele, chegou a hora de abandonar a ilusão de que mamãe, papai e as crianças algum dia poderiam estar bem.[18] Na esperança de deixar para trás as guerras culturais, ele elogia a moda das "famílias eletivas", significando "o surgimento de novos arranjos de vida que trazem para a família ou relações de tipo familiar parentes não biológicos".

Tais identidades familiares artificialmente forjadas podem atrair os adultos inveterados no consumismo. Mas sua atração escapa aos membros mais vulneráveis da sociedade — crianças e idosos, por exemplo. A noção de que meninos e meninas se desenvolvem bem na proximidade de homens com os quais não tenham parentesco biológico é rejeitada por gerações de ciências sociais, com base nos riscos dessa mesma proximidade. Como disse o *New York Times*, resumindo um estudo representativo publicado na *Pediatrics*: "Viver com um adulto não aparentado, especialmente um homem não aparentado, aumenta substancialmente o risco de uma criança morrer violentamente [...]. Crianças que

16 Falo sobre esse reflexo como algo que "circula entre a negação, a negação acalorada e a negação cheia de ódio", *Adam and Eve after the Pill*, San Francisco, Ignatius Press, 2012, p. 23.

17 David Brooks, "The Nuclear Family Was a Mistake", *Atlantic*, março de 2020, https://www.theatlantic.com/magazine/archive/2020/03/the-nuclear-family-was-a-mistake/605536/.

18 A autora cita aqui a canção *The kids are alright*, da banda The Who. [N. T.]

moram com adultos com quem não são biologicamente aparentadas têm quase 50 vezes mais probabilidade de morrer nas mãos dos adultos do que crianças que vivem com pai e mãe biológicos, disseram os pesquisadores".[19] Descobertas semelhantes resumem os perigos, para alguns idosos, dos cuidados em instituições.[20] E além dessas advertências empíricas há as questões do coração. Que criança ou idoso, se pudesse escolher, preferiria uma "família eletiva" à sua própria família?

As "famílias eletivas", como as gangues de rua, nascem de uma necessidade da natureza humana. Quando não se pode ter famílias reais, é necessário criar simulacros. É por isso que cansados sucedâneos de pai e mãe proliferaram ao longo das décadas desde o início da Revolução Sexual. Tudo isso é parte da contínua transferência de capital social após a década de 1960, processo no qual cada vez mais capital é obtido pelos membros mais fortes da sociedade, deixando os mais fracos ainda mais vulneráveis do que antes.

Isto nos leva à mais sombria verdade não só de 2020, mas do futuro que ela prediz. Hoje, um importante subconjunto da América percorre a nação e a *internet* em busca de substitutos para a família: gangues de rua, "famílias eletivas", grupos identitários, BLM e ideologias tóxicas. Nenhuma dessas alternativas está remotamente à altura da família real e funcional — até mesmo da família real e semifuncional. Parafraseando o argumento de James Q. Wilson no Capítulo 5, os novos "ricos" americanos são aqueles que, através da sorte, do trabalho árduo ou de ambos, conseguiram manter laços familiares vigorosos, apesar de tudo. Os novos desfavorecidos são aqueles que sofreram tais perdas

---

19 Nicholas Bakalar, "Unrelated Adults at Home Increase Risk for Children", *New York Times*, 8 de novembro de 2005.

20 Por exemplo, uma meta-análise de nove estudos sobre abuso contra idosos em ambientes institucionais concluiu que "64,2% dos funcionários admitiram ter abusado de idosos no ano passado" e concluiu que "Há nos asilos uma elevada prevalência de abuso contra idosos". Yongfie Yon, Maria Ramiro-Gonzalez, Christopher R. Mikton, Manfred Huber e Dinesh Sethi, "The Prevalence of Elder Abuse in Institutional Settings: A Systematic Review and Meta-Analysis", *European Journal of Public Health* 29, n. 1 (1º de fevereiro de 2019): p. 58-67.

primordiais e que se agarram, com crescente desespero, a "identidades" coletivas e centradas no vitimismo.

É claro que o fato de a Revolução Sexual ser incomparavelmente responsável pelos males que afligem a América e o Ocidente não significa que ela seja *tudo* o que aflige a América e o Ocidente. Há inúmeros cúmplices involuntários, incluindo as redes sociais. Outro culpado, menos óbvio, é a crescente ignorância do que é ensinado pela Bíblia Sagrada. Como resultado, temos pessoas que não acreditam no pecado e no vício e já não reconhecem elementos clássicos da vida, como a raiva, a inveja e o orgulho, mesmo quando tudo isto desfila pelas telas e pelas ruas 24 horas por dia e sete dias por semana, e mesmo quando os protestos pacíficos se tornam brutais, avarentos, exibicionistas ou tudo isso junto. Numa época cada vez mais ignorante de todos os elementos cristãos, e que já não acredita em pecados, mortais ou não, os pecados capitais podem passar despercebidos — ou pelo menos não nomeados.

No entanto, seja de origem espiritual ou familiar, ou ambas, as aflições dos cada vez mais desconectados são cronicamente mal diagnosticadas. O problema é que a desculpa da miopia não torna esses fundamentais déficits na América pós-década de 1960 menos explicáveis ou menos destrutivos — ou menos trágicos.

7

A fúria dos sem-pais

Para compreender como a perda individual leva à expressão coletiva, considere uma visita a um evento seminal de 2020.

Desde maio daquele ano e durante todo o verão, as cidades americanas foram agitadas por protestos pela morte de George Floyd em Minneapolis, Minnesota.[1] Estes protestos transformaram-se, em alguns casos, em caos irracional e, em algumas cidades, roubo e violência generalizados. É verdade que a maioria das manifestações foram pacíficas. É também verdade que as exceções, marcadas pela violência, pela biliosidade, pela irracionalidade e pela anarquia, foram muito mais comuns do que se percebeu na época.

De acordo com o primeiro exame minucioso dos protestos de rua, realizado pelo Armed Conflict Location and Event Data Project em conjunto com a Bridging Divides Initiative em Princeton, mais de 10.600 incidentes do que é benignamente chamado de "agitação" foram registrados entre 24 de maio e 22 de agosto de 2020.[2] Destes, cerca de 570 envolveram violência. Destes, a maioria envolvia ativistas do Black Lives Matter (BLM). Estimativas preliminares do mercado segurador sugeriram que os prejuízos ultrapassaram o US$ 1,2 bilhão em danos gerados pelos tumultos

---

1 "How George Floyd Died, and What Happened Next", *New York Times*, 19 de maio de 2022, https://www.nytimes.com/article/george-floyd.html.

2 Roudabeh Kishi e Sam Jones, *Demonstrations and Political Violence in America: New Data for Summer 2020*, Armed Conflict Location & Event Data Project, setembro de 2020, https://acleddata.com/acleddatanew/wp-content/uploads/2020/09/ACLED_USDataReview_Sum2020_SeptWebPDF_HiRes.pdf.

de Rodney King em 1992; alguns preveem que cheguem a 2 bilhões de dólares, o que tornaria estes os mais elevados custos de seguro de todas as manifestações violentas da história recente.[3] Também a atmosfera distinguia essas manifestações: gritos vigorosos, vandalismo extático e franca ameaça aberta aos espectadores.

Esta exibição ritualística de comportamentos destrutivos em cidade após cidade não tinha precedentes nos Estados Unidos. Nem as imagens das manifestações pelos direitos civis nem as dos protestos contra a Guerra do Vietnã pareciam remotamente semelhantes. As diferenças exigem explicação. Os especialistas invocaram as *bête noires* de sempre: o ex-presidente Donald Trump, a cultura do cancelamento, a brutalidade policial, o tribalismo político, a pandemia do coronavírus. Estes fatores alimentaram de fato o lado da "demanda" dos protestos e tumultos — as *razões* para a realização ritualística. Mas e quanto ao lado da "oferta": as prontas e aparentemente inesgotáveis fileiras de manifestantes? O que *os* explica?

A resposta "racismo" não explica os aspectos neste "verão de fúria" que nada tiveram a ver com a brutalidade policial e tudo a ver com saques, violência e destruição de propriedades, desfiguração indiscriminada e derrubada de estátuas representando todos os tipos de figuras masculinas de autoridade. A visão de manifestantes muitas vezes brancos gritando e atirando objetos contra policiais pardos e negros contradiz tudo o que a teoria racial crítica jamais sonhou. As estatísticas reais relativas a crimes e a crimes raciais também o contradizem[4]. A opinião pública

---

3 Ryan Smith, "Insurance Costs for George Floyd Riots Will Be Most Expensive in History", *Insurance Business Magazine*, 18 de setembro de 2020, https://www.insurancebusinessmag.com/us/news/breaking-news/insurance-costs-for-george-floyd-riots-will-be-most-expensive-in-history-233905.aspx

4 De acordo com um banco de dados estabelecido pelo *Washington Post* para os anos 2015-2022, por exemplo, nos Estados Unidos cerca de mil pessoas são mortas pela polícia no cumprimento do dever a cada ano. As mortes de negros representam cerca de 23% desse total, enquanto os negros americanos representam 13% da população. Os mortos pela polícia são predominantemente do sexo masculino e têm entre vinte e quarenta anos. Apenas 15% dos mortos em 2021 estavam desarmados; o restante portava revólveres, facas, outras armas ou

também. Em 2017, de acordo com a Pew Research, 52% dos entrevistados disseram que a etnia "não faz muita diferença" no casamento, e outros 39% disseram que o casamento interracial é "uma coisa boa".[5] Quando 91% do público dá de ombros ou aplaude o casamento entre membros de diferentes etnias, é absurdo falar de um racismo espectral que envenena a sociedade de modo irremediável.

Considere-se uma teoria mais explicativa: os eventos explosivos de 2020 foram apenas a última erupção ao longo de uma falha geológica que cruza as nossas já instáveis vidas. Essa erupção expõe a tripla crise de vinculação filial que há mais de meio século assola o Ocidente. Privada de pai terreno, Pai do Céu e *pátria*, uma massa crítica da humanidade tornou-se disfuncional numa escala nunca vista antes.

Isto é verdade especialmente a respeito dos jovens. A frenética fuga rumo a identidades políticas coletivas tem origens primordiais e não transitórias. Os motins foram, em parte, uma consequência visível da essencialmente invisível crise da paternidade no Ocidente. Considere a variedade de evidências.

Primeiro, um silogismo: os motins representaram um desfile de disfunção social. Seis décadas de ciências sociais estabeleceram que a forma mais eficiente de gerar maior grau de disfunção é aumentar a ausência paterna. E os Estados Unidos têm feito isso há gerações. Quase uma a cada quatro crianças hoje cresce sem pai em casa. Entre os afro-americanos, são cerca de 65% das crianças.

Algumas pessoas, principalmente na esquerda, pensam que não há nenhum problema com isso. Elas estão erradas. A grande maioria dos jovens encarcerados cresceu em lares

---

alguma combinação dos três tipos. Qualquer perda de vidas inocentes é trágica. As estatísticas, por seu lado, não apoiam a história popular segundo a qual os negros são esmagadoramente alvos das autoridades por serem negros. Veja "Fatal Force", *Washington Post,* https://www.washingtonpost.com/graphics/investigations/police-shootings-database/.

5 Gretchen Livingston e Anna Brown, "Intermarriage in the US 50 Years after Loving v. Virginia", *Pew Research Center*, 18 de maio de 2017, https://www.pewresearch.org/social-trends/2017/05/18/intermarriage-in-the-u-s-50-years-after-loving-v-virginia/

sem pai.[6] Assassinos adolescentes (e os mais velhos também) apresentam, quase invariavelmente, abandono parental em suas biografias.[7] Pais ausentes são fator preditivo de taxas mais elevadas de evasão escolar, problemas psiquiátricos, criminalidade, promiscuidade, consumo de drogas, estupro, violência doméstica e outros resultados trágicos.[8]

Entra em cena outro fato pertinente, embora socialmente radioativo: a ausência do pai leva à busca por substitutos. E alguns desses sucedâneos revelam-se tóxicos.

As taxas de homicídio nas cidades de baixa renda, por exemplo, são fenômenos irredutivelmente *familiares*. Isso porque o problema do assassinato é essencialmente um problema de gangues, e o problema das gangues é em grande parte um problema de trauma paterno. Como a Associação Psicológica de Minnesota afirmou em um estudo publicado em 2013:

> Uma elevada porcentagem de membros de gangues vem de lares com pai ausente [...] o que possivelmente resulta da necessidade de um sentimento de pertença. Alcançar esse sentimento de pertença é importante para todos os indivíduos. Através das gangues, os jovens encontram um senso de comunidade e aceitação. Além disso, o líder da gangue pode desempenhar o papel de pai, muitas vezes levando os membros a modelarem seus comportamentos de acordo com aquele indivíduo [...]. O pai presente na vida de uma criança reduz muito a probabilidade de que essa criança ingresse numa gangue.[9]

---

6 Ver R. L. Maginnis, "Single-Parent Families Cause Juvenile Crime", *Office of Justice Programs*, Departamento de Justiça dos EUA, 1997, https://www.ojp.gov/ncjrs/virtual-library/abstracts/single-parent-families-cause-juvenile-crime-juvenile-crime-opposing. A primeira frase do resumo diz: "O *Journal of Research in Crime and Delinquency* relata que o mais confiável indicador de crimes violentos numa comunidade é a proporção de famílias sem pai".

7 Veja Mary Eberstadt, *Home-Alone America: The Hidden Toll of Day Care, Behavioral Drugs, and Other Parent Substitutes*, Nova York, Sentinel, 2004, cap. 2, "O problema da criança furiosa".

8 Veja, por exemplo, os dados e fontes disponíveis em *fathers.com* sobre as correlações entre a ausência do pai e os comportamentos enumerados.

9 Jerrod Brown, "Father-Absent Homes: Implications for Criminal Justice and Mental Health Professionals", *Minnesota Psychological Association*, agosto de 2013, https://www.mnpsych.org/index.php%3Foption%3Dcom_dailyplanetblog%26view%3Dentry%26category%3Dindustry%2520news%26id%3D54.

Em segundo lugar, o próprio jargão do BLM sugere que as questões paternas sejam um ingrediente no caldeirão político que explodiu em 2020 em cidades de todo o país. Havia no *site* do BLM uma seção, removida em setembro daquele ano, que declarava: "Nós questionamos o requisito de estrutura familiar nuclear prescrito pelo Ocidente, apoiando-nos uns aos outros como famílias extensas e 'aldeias' que cuidam coletivamente uns dos outros, especialmente de nossos filhos, em tal medida que mães, genitores[10] e filhos se sintam confortáveis".

Observe o substantivo que falta: *pais*. É como se o pai — como algo diferente de "genitor" — tivesse deixado de existir. E, de fato, pelo menos para algumas das pessoas atraídas pela ideologia do BLM, o pai *deixou* de existir. Neste sentido, o BLM é herdeiro direto do documento fundador da política de identidade: a declaração do coletivo do Rio Combahee, apresentada por feministas negras em 1977.[11] Esse manifesto falava apenas de mulheres e crianças — nunca de pais, irmãos ou filhos.

O que nos diz o fato de estas declarações seminais da política identitária estarem permeadas pela "presença da ausência" dos pais? No mínimo, que as políticas identitárias não atuam independentemente do desaparecimento da autoridade paterna.

Terceiro, as biografias de pelo menos alguns dos atuais artilheiros da mentalidade racial sugerem uma ligação entre a ausência do pai e política identitária. Os pais do autor do *best-seller White Fragility: Why It's So Hard for White People to Talk About Racism* se divorciaram quando ele tinha dois anos.[12] A autora do *best-seller So You Want to Talk About Race* relata que seu pai também se afastou da família

---

10 No original *parents*, substantivo neutro quanto ao gênero.

11 Combahee River Collective, *The Combahee River Collective Statement*, abril de 1977, Universidade de Yale, https://americanstudies.yale.edu/sites/default/files/files/Keyword%20Coalition_Readings.pdf.

12 Robin DiAngelo, "My Class Didn't Trump My Race: Using Oppression to Face Privilege", *Multicultural Perspectives* 8, 1, 2006: p. 51-56.

e rompeu contato quando ela tinha dois anos.[13] A autora de outro *best-seller* de 2017, *Why I'm No Longer Talking to White People about Race*, também foi abandonada pelo pai e criada pela mãe solteira desde quando era muito jovem.[14] O autor de um livro sobre questões étnicas de 2020, *The Anti-Racist: How to Start a Conversation About Race and Take Action*, foi criado por suas avós.[15] O atleta e criador de tendências progressista Colin Kaepernick é outro exemplo. Seu pai biológico abandonou a mãe antes de ele nascer, e ele foi adotado e criado por uma família branca.[16] James Baldwin, grande inspiração para os escritores racialistas contemporâneos, foi criado por um padrasto abusivo e nunca conheceu o pai biológico; sua mãe o deixou antes de ele nascer.[17] Esta é apenas uma amostra.

"E daí?", poderia dizer um cético; "a ruptura familiar é algo corriqueiro na vida de muitas pessoas hoje". Tudo bem. Mas ela também pode estar motivando a formação de grupos de política identitária que imitam famílias funcionais, proporcionando proteção e comunidade — assim como a dissolução familiar atrai muitas crianças órfãs para gangues.

Biografias da nova direita americana e da extrema-direita oferecem evidências sugestivas semelhantes. O fundador do grupo nacionalista branco Identity Evropa é filho de pais divorciados.[18] O neonazista que fundou a rede de

---

13 Iljeoma Oluo, "How Teju Cole Helped Me Make Peace with the Nigerian Scam Artist: Iljeoma Oluo on Reconciling Her Nigerian-American Identity", *Literary Hub*, 15 de abril de 2016, https://lithub.com/how-teju-cole-helped-me-make-peace-with-the-nigerian-scam-artist/.

14 Stephanie Bunbury, "Reni Eddo-Lodge and the Question of Structural Racism", *Sydney Morning Herald*, 25 de julho de 2017, https://www.smh.com.au/entertainment/books/reni--eddolodge-and-the-question-of-structural-racism-20170724-gxhcb4.html.

15 Brittany Britto, "Kondwani Fidel Opens Up about His Viral Essay and Giving a Voice to Black Experiences in Baltimore", *Baltimore Sun*, 1 de setembro de 2017.

16 Lilyanne Rice, "Colin Kaepernick's Biological Parents — He Recuses to Meet His Biological Mother", *People*, 5 de novembro de 2021, *TheNetline*.

17 Hilton Als, "The Enemy Within: The Making and Unmaking of James Baldwin", *New Yorker*, 9 de fevereiro de 1998.

18 Gabriel Thompson, "My Brother, the White Nationalist", *Pacific Standard*, 27 de março de 2018, atualizado em 26 de novembro de 2018.

mídia de direita alternativa The Right Stuff é filho de pais divorciados.[19] George Lincoln Rockwell, fundador do Partido Nazista Americano, era filho de pais divorciados.[20] Timothy McVeigh, o garoto-propaganda e protótipo dos violentos aspirantes da extrema-direita de hoje, era filho de pais divorciados e foi criado principalmente pelo pai.[21] Esta lista também é só uma amostra. Um perfil do neonazista Andrew Anglin concluiu: "Como tantos jovens emocionalmente prejudicados, [ele] escolheu ser alguém ou algo maior do que ele mesmo na *internet*; algo feroz para encobrir a fragilidade que ele mesmo não conseguia suportar".[22] Exatamente.

Consideremos uma quarta prova de que a deserção dos pais tem algo a ver com a crise social do verão de 2020: as particularidades experimentais de Portland, Oregon. A cidade que foi o marco zero dos incessantes protestos e tumultos de 2020 não é uma cidade americana qualquer. Por mais de trinta anos, crianças abandonadas e fugitivas têm sido uma característica única da cultura da Cidade Rosa. E há mais de trinta anos abundam documentários e outras reportagens sobre essas crianças perdidas. Foi a abordagem permissiva de Portland em relação aos fugitivos que criou a subcultura mais conhecida do país de "adolescentes vagabundos", "adolescentes sem-teto" e "adolescentes de rua". Em Portland, a ligação entre crianças disfuncionais e ausência de figuras de autoridade é clara há gerações. Como resumiu um pesquisador: "A incapacidade de se conectar emocionalmente com os pais é um fio condutor que liga a história das crianças de rua e fugitivas em Portland".[23]

---

19 Luke O'Brien, "The Making of an American Nazi", *Atlantic*, dezembro de 2017, https://www.theatlantic.com/magazine/archive/2017/12/the-making-of-an-american-nazi/544119/.

20 Michael E. Miller, "The Shadow of an Assassinated American Nazi Commander Hangs over Charlottesville", *Washington Post*, 21 de agosto de 2017.

21 "Terror on Trial: Who Was Timothy McVeigh?", *CNN*, 2001.

22 O'Brien, "American Nazi".

23 Elizabeth deLise, "Situating Street Kids: An Ethnography of Nomadic Street Kids in Portland, Oregon", *Anthropology Department Honors Papers*. New London, CT: Digital Commons @ Connecticut College, 2013, 37.

Na falta de laços familiares, as crianças selvagens de Portland têm se unido, desde a década de 1980, a "famílias de rua", incluindo "mães" e "pais" de rua.[24] Alguns dos crimes mais grotescos da história da cidade ocorreram graças a "leis" sobre a lealdade "à família" — inclusive em 2019, quando um grupo de três meninos dessa "família" matou a tiros um homem que coletava latinhas e depois usaram seu carro para um passeio.[25] "Famílias de rua" são uma variante especialmente tóxica daquela expressão bacaninha que vimos anteriormente, "famílias eletivas". As famílias de rua são famílias eletivas das crianças malsucedidas da América.[26] São como outras gangues: pobres e desesperados sucedâneos da família verdadeira, causados por sua ausência.

Na violenta Neverland, parte do centro de Portland, a conexão entre o colapso social e o colapso familiar tem sido inevitável desde muito antes da morte de George Floyd.

Mas a história do longo e quente verão de 2020 é ainda mais complexa do que a subtrama em torno da ausência paterna e/ou materna. Tal como observado ao longo deste livro, cada vez mais americanos, especialmente jovens, têm sofrido não por uma, mas por várias rupturas simultâneas dos vínculos de autoridade e comunidade. Este fato lança luz sobre algo que de outra forma seria invisível: por que mesmo os jovens provenientes de lares *intactos* são afetados, em certa medida, pela crise da paternidade no Ocidente?

As instituições que antes ancoravam adolescentes e jovens na autoridade paterna estão em queda livre. Seus colapsos concomitantes geram uma ansiedade social contagiosa. Esta dinâmica torna mais inteligível um outro espetáculo em 2020 — o de manifestantes abastados, filhos de lares

---

24 Ver, por exemplo, Helaine Olen, "Taking It to the Streets: Rene Denfeld, Author of a New Book on the Violent Subculture of Street Families, Talks about Why These Young Nomads Are Every Bit as Dangerous as the Bloods and the Crips", *Salon*, 12 de fevereiro de 2007, https://www.salon.com/2007/02/12/street_families/.

25 Shane Dixon Kavanaugh, "Portland Teens Killed Neighborhood Can Collector over Car, then Drove It to Taco Bell, Court Documents Allege", *Oregonian*, 25 de outubro de 2019.

26 E não só da América: *Capitães da Areia*, um romance de Jorge Amado, ilustra precisamente a mesma situação no Nordeste do Brasil. [N. T.]

intactos, a destruir propriedades. O *slogan* onipresente no verão de 2020. "Pessoas, não propriedades" aponta inadvertidamente para o que mais aflige a jovem América: um déficit de pessoas.

O cristianismo, para citar uma instituição que unia as gerações entre si, começou um declínio acentuado por volta de 1963. Esse declínio se acelerou com especial rapidez entre os jovens. Em 2019, 40% dos americanos com idades entre dezoito e 29 anos não tinham religião.[27] "Nenhuma das opções acima" é o subconjunto religioso que mais cresce nos Estados Unidos hoje em dia.

Existem provas abundantes de que o afrouxamento dos laços familiares e o afrouxamento dos laços religiosos estão interligados — inclusive entre os praticantes de políticas identitárias. Um estudo de 2016 (atualizado em 2018) sobre nacionalistas brancos, realizado pelo Instituto de Políticas Familiares da Universidade da Virgínia, revelou pelo menos duas descobertas sugestivas. Uma delas era que entre os indivíduos o divórcio era um estado muito mais provável que o casamento ou solteirice duradouros.[28] Mais uma vez, a ruptura familiar e as políticas identitárias extremistas estão ligadas.

O mesmo estudo também confirmou ser pouco provável que os atraídos pelo nacionalismo branco frequentem a igreja (na verdade, a maioria dos nacionalistas brancos rejeita veementemente tanto o cristianismo como o judaísmo). Assim, a ruptura religiosa e as políticas identitárias extremistas também parecem estar relacionadas. O mesmo parece ser verdade quanto ao BLM, que como movimento marxista se opõe ao cristianismo por princípio. Também é improvável que os militantes Antifa paguem o dízimo ou passem as manhãs de domingo com um hinário nas mãos. Isto não significa que estes ativistas não tenham propósito —

27 "In US, Decline of Christianity Continues at Rapid Pace", *Pew Research Center*, 17 de outubro de 2019.

28 George Hawley, "The Demography of the Alt-Right ", *Institute for Family Studies*, 9 de agosto de 2018, https://ifstudies.org/blog/the-demography-of-the-alt-right?source=Snapzu.

muito pelo contrário; como o Capítulo 3 explica, as fileiras dos *woke* estão repletas de religiosidade gnóstica. As tropas identitárias funcionam como "famílias de rua" para a alma.

Se a ausência paterna e a secularização são dois aspectos do declínio do princípio paterno, resta um terceiro: o vínculo com a pátria. Neste campo, também se destacam os Millennials e a Geração Z. Durante décadas, pesquisas registraram o declínio do patriotismo entre os jovens americanos. A Gallup relata cinquenta anos de diminuição da confiança dos americanos nas instituições políticas e não-políticas (forças armadas, polícia, religião organizada, meios de comunicação). Uma manchete do *The Hill* em 2019 resumiu o ponto: "Pesquisa: patriotismo, religião, filhos são prioridades menores para americanos mais jovens".[29]

É evidente que o enfraquecimento dos laços na esfera social não consiste de uma série de fenômenos isolados; parece que uma atenuação leva a outra. A devoção filial parece um músculo: fortalece-se quando exercida e atrofia quando não é usada.

Cada uma das perdas — a do patriotismo, a da fé e a da família — parece causar o colapso nos outros termos da tríade. Em seu livro inovador de 1999, *Faith of the Fatherless: The Psychology of Atheism*, o sociólogo Paul Vitz analisou uma maneira pela qual a associação entre pai e Pai talvez funcionasse.[30] Ele examinou as biografias de ateus proeminentes ao longo de quatro séculos e argumentou que cada um deles havia experimentado alguma forma de "paternidade defeituosa", como ausência ou abuso. A raiva contra os pais, teorizou Vitz, é traduzida em raiva contra Deus.

Em 2013, o meu livro *How the West Really Lost God* conectou o ateísmo com a realidade experiencial da ausência

---

29 Rebecca Klar, "Poll: Patriotism, Religion, Kids, Lower Priorities for Younger American", *The Hill*, 25 de agosto de 2019.

30 Paul Vitz, *Faith of the Fatherless: The Psychology of Atheism*, São Francisco, Ignatius Press, 2013.

do pai de outra forma, argumentando que a secularização equivalia às consequências da ruptura das árvores genealógicas. Em conjunto, estas obras sugerem um caminho para pesquisas futuras: será que a falta de um pai terreno torna mais difícil acreditar num Pai sobrenatural? E será que o inverso também pode ser verdade?

Entretanto, para compreender melhor como estes enfraquecimentos simultâneos do apego filial se manifestam na sociedade, consideremos dois personagens representativos imaginários: William, nascido em 1950, e o seu neto Brandon, nascido em 2000.

> Membro da geração Baby Boom, William cresceu em um lar intacto. Seus pais levavam ele e seus irmãos à igreja. Dois adultos em casa significavam duas pessoas vivas e capazes de dirigir e organizar. Isso significava que William, assim como seus irmãos, era membro dos escoteiros, da liga infantil, praticava esportes, frequentava o grupo de jovens da igreja, tocava com a banda marcial e fazia a outras atividades.
>
> Embora William não fosse um grande agitador de bandeiras, ele também não era um queimador de bandeiras. Isto era verdade, em parte, porque quase todas as figuras de autoridade masculina que William conhecia tinham servido na Segunda Guerra Mundial ou no conflito coreano e, também, alguns dos seus contemporâneos serviram no Vietnã. O hino nacional era tocado antes de todos os jogos de futebol e basquete em sua escola, sem qualquer incidente.
>
> William se casou jovem e constituiu família. Ele e sua esposa encontraram uma igreja evangélica do seu agrado. Ele nem sempre comparecia aos cultos com ela, mas era voluntário no refeitório da igreja. Isso o fazia se sentir bem. William também treinava a liga infantil, era voluntário no corpo de ambulâncias local e jogava pôquer regularmente. William fumava cigarros, especialmente com amigos nos intervalos do trabalho. Seu programa de TV favorito, que assistia com a família, era *Star Trek*. Ele achava que seria supimpa se seus filhos ou netos viajassem pelo espaço sideral.
>
> O neto de William, Brandon, um membro da Geração Z, nasceu em 2000. Sua mãe — filha de William — casou-se com o pai de Brandon. O casal se separou quando Brandon

tinha três anos. Brandon não tem irmãos. Foram poucas as vezes em que ele viu seu pai, ou o lado paterno da família, após o divórcio. Dado o que ouviu de sua mãe, ele não quer muito. Ele considera seu pai, que acabou se casando novamente, duplamente fracassado. Aos vinte anos, Brandon já decidiu que não deixará nenhuma mulher prendê-lo em um casamento. Graças à *internet*, ele tem acesso a sexo, de qualquer maneira.

Ser filho de mãe solteira impossibilitou certas atividades. Brandon nunca participou da Liga Infantil, dos Escoteiros ou outros grupos de jovens. Ele jogava futebol na escola e adorava. Mas a logística colocou fora de alcance outras possibilidades, como as viagens desportivas em equipe. Desde que se formou no ensino médio, a maior parte da atividade de Brandon fora da *internet* — como grande parte de sua atividade geral — tem sido solitária.

A mãe de Brandon abandonou a religião na época do divórcio, então ele pisou poucas vezes num templo. Quando o namorado de sua mãe veio morar com eles, Brandon começou a passar a maior parte do tempo no quarto ou fora de casa. Ele não presta muita atenção à política, mas assiste a muitos esportes. Ele gosta da atitude *f*d4-s3* de Colin Kaepernick. Brandon fuma maconha sozinho. Seu videogame favorito, que ele joga sozinho ou com outras pessoas *online*, é *Bulletstorm: Full Clip Edition.*

Assim como outros jovens, Brandon passa muito tempo na *internet.* Durante o ensino médio, dois de seus *sites* favoritos eram o *Reddit* e o *4chan*. Por um tempo, Brandon foi atraído pela nova direita americana; ele gostou da atitude *f*d4-s3* deles também. No entanto, desde o verão de 2020, tem acompanhado o Signal com interesse cada vez maior. Ele gosta de acompanhar os protestos, tumultos e brigas de rua com policiais que estão sendo organizados por meio desse aplicativo. Ele pode se mudar para Portland algum dia por causa da política, ou talvez para o Colorado por causa da maconha. Brandon acha que seria legal andar de skate com uma arma de verdade.

Como estas vidas imaginárias transmitem, abriu-se uma divisão geracional entre os Boomers, os Millennials e os Zoomers. É uma disparidade de capital social. E é uma disparidade enorme.

Em retrospecto, os vínculos de William com a entidades diferentes dele, e maiores do que ele, não eram coordenadas neutras da geografia humana. Eles informavam e enriqueciam a sua vida, até porque a expuseram a outras pessoas — pessoas com quem ele poderia aprender, com quem poderia estabelecer contatos e relações, e através de quem poderia assumir compromissos e trabalhar por uma causa comum.

Os laços sociais de Brandon, mais instáveis, tornam sua existência muito diferente da de seu avô. Seus dias são mais solitários. Seus entusiasmos são menos moderados por influências familiares e comunitárias e, portanto, mais voláteis. O déficit não reside apenas na ausência do pai de Brandon. É aritmético, começando com a subtração de todo o lado paterno da família, o que efetivamente reduz o número de parentes de Brandon pela metade. A diminuição de parentes continua com a diminuição do número de membros da família por parte de mãe.

Como resultado, há menos pessoas na vida de Brandon com quem ele poderia aprender habilidades essenciais como negociação, diligência, compromisso, trabalho em equipe, adiamento de gratificação e autocontrole. Se, e quando, chegar a hora de Brandon se tornar pai, ele também terá menos a ensinar sobre todas essas formas de disciplina. Em suma, Brandon é um garoto-propaganda das tendências mapeadas em *Bowling Alone: The Collapse and Revival of American Community*, de Robert D. Putnam — um livro publicado no mesmo ano em que nasceu este protótipo de Zoomer.[31]

Claro, existem outras variáveis que diminuem as chances de sucesso de Brandon. Os Millennials e os Zoomers enfrentam problemas econômicos que os Boomers não enfrentaram, especialmente as enormes dívidas de crédito universitário e os efeitos continuados da crise financeira

---

31 Robert D. Putnam, *Bowling Alone: The Collapse and Revival of American Community*, Nova York, Simon and Schuster, 2000.

de 2008. Mas dólares e centavos podem não ser a única razão para o desnível geracional de patrimônios e oportunidades. Talvez o sucesso econômico relativo dos Boomers não seja apenas uma questão de ciclos econômicos. Talvez as competências e a flexibilidade desenvolvidas através do respeito e da negociação com diferentes tipos de autoridade sejam uma formação valiosa para uma vida produtiva. Talvez ter mais irmãos, mais laços sociais em vez de mais telas, e mais contemporâneos que nos possibilitem uma "aprendizagem social" sejam vantagens para uma vida.

Isso nós sabemos. As ruas de Portland — e Kenosha, Baltimore e Rochester, e todas as outras cidades que serviram como palco para as explosões de turbas em 2020 — estão cheias de Brandons. E numa curiosa coda, numa época em que tudo parece ter a ver com a raça, note que não importa se William e Brandon são negros, brancos ou de outra cor. As tendências demográficas que moldam as suas histórias e a disparidade de capital social resultante permanecem iguais.

Isto nos leva ao ponto que foi esquecido até agora, não apenas durante o longo verão de 2020, mas ao longo das muitas discussões recentes sobre a desordem americana, ou o desmoronamento americano, ou simplesmente *o que diabos está acontecendo na América?*

O que está acontecendo na América é uma verdade torturantemente dolorosa: a vida sem pai, Pai e devoção filial para com o país não são as opções socialmente neutras que o liberalismo contemporâneo considera que são. O buraco a que essas três faltas nos levaram é agora um risco público. A tríplice crise da paternidade tem privado muitos jovens — especialmente homens — de razões para viverem como cidadãos racionais e produtivos. Como disse recentemente a teóloga católica Deborah Savage, ao refletir sobre a juventude americana: "Eles foram largados num cosmos sem nada que os guiasse, nem mesmo uma compreensão firme do que constitui a sua humanidade básica, e nenhum meio de encontrar o caminho de casa".[32]

É certo que catalisadores de todo tipo pioraram a situação: a *internet*, as redes sociais, o preconceito racial, a liderança política negligente, os escândalos dentro das igrejas, a vulgaridade do diálogo político, a polarização dos meios de comunicação em exércitos conflituosos. O mesmo aconteceu com a metástase da Lei dos Direitos Civis, como observou Christopher Caldwell.[33] Uma classe intelectual febrilmente partidária alimentou as chamas com teoria racial crítica, acusações de "fascismo" na América e outras caracterizações degradadas. Aquilo que Jeane J. Kirkpatrick chamou de "culpar a América primeiro" tornou-se a narrativa padrão em sala de aula para praticamente todos os acadêmicos de humanidades abaixo dos setenta anos.[34] Sem dúvida, o colapso da lógica nos *campi* e nos meios de comunicação tem algo a ver com o declínio da fé em qualquer tipo de autoridade — e também com a diminuição do patriotismo.[35]

Mesmo assim, o alvoroço social atravessado no verão de 2020 sinaliza algo novo. A massa de crianças triplamente privadas de direitos do Ocidente entrou numa reação em cadeia. Eles escaparam dos laços rudes de suas infâncias atomizadas; encontraram companheiros de sofrimento e formaram famílias *online*; e explodiram como nunca

---

32 Deborah Savage, "The Return of the Madman: Nietzsche, Nihilism, and the Death of God, circa 2020", *Catholic World Report*, 10 de agosto de 2020.

33 Christopher Caldwell, *The Age of Entitlement: America Since the Sixties*, Nova York, Simon and Schuster, 2020.

34 Mary Eberstadt, "The Left Still Blames America First", *Wall Street Journal*, 19 de agosto de 2020, https://www.wsj.com/articles/the-left-still-blames-america-first-11597854057.

35 Analisando a última década de pesquisas eleitorais, Karly Bowman, do American Enterprise Institute, resume: "As poucas tendências de longo prazo que vemos nessas questões mais amplas de pesquisas como Gallup e Pew geralmente mostram que os jovens têm menos probabilidade do que os mais velhos de professar patriotismo". Karlyn Bowman e Stephanie Dodd, "Young Love of Country", *American Purpose*, 30 de novembro de 2020; ver também Mary Eberstadt, "Why Is There a Patriotism Gap?", *Newsweek*, 29 de setembro de 2020, https://maryeberstadt.com/why-is-there-a-patriotism-gap/.

antes, como uma força destrutiva na consciência nacional, à esquerda e à direita.

Como Edmundo, personagem da peça *Rei Lear* que detestava seu meio-irmão Edgar, esses jovens destituídos estão mais do que furiosos. Tal como Edmundo, também eles se ressentem e invejam os seus semelhantes nascidos em contexto de paternidade ordenada, com ligações seguras à família, à fé e ao país.

Esse último ponto é crítico. Uma amargura primeva e pungente é a razão pela qual os triplamente despossuídos derrubam estátuas não apenas de confederados, mas também dos pais fundadores, dos pais do estado e da cidade e de qualquer um que se assemelhe a um pai — ponto. É o motivo das ofensas geracionais contra os Baby Boomers, como o zombeteiro "Ok, Boomer" e o epíteto "Karen". É por isso que grupos do que se poderia chamar de "famílias manifestantes eletivas" perturbam refeições familiares genuínas. É por isso que o BLM, tarde da noite, incomoda a paz de famílias reais e vivas em cidades-dormitório.

O ressentimento dos Edgars do mundo é também o método espontâneo por trás da aparente loucura dos manifestantes do BLM que cercaram uma casa no subúrbio de Portland e exigiram a retirada de uma bandeira americana, como aconteceu em setembro de 2020. [36] Tanto faz o fato de eles terem enfrentado a resistência de um morador negro e veterano. Homens e mulheres que se veem como apátridas não podem tolerar aqueles que têm pátria, assim como o filho ilegítimo do Rei Lear não pode suportar que o seu meio-irmão desfrute de um legado.

As antigas crianças despossuídas que percorreram as ruas em busca de destruição em 2020 podem não ser muitos, em comparação com o resto da população dos Estados Unidos. E compreendê-los não é justificá-los — longe disso. Mas eles não se tornarão cidadãos funcionais até que a crise que os

---

36 Nellie Bowles, "Some Protests against Police Brutality Take a More Confrontational Approach", *New York Times*, 21 de setembro de 2020.

desequilibrou e os separou dos seus seja sanada. Em uma das passagens mais arrepiantes de Shakespeare, Edmundo pede aos deuses que defendam os bastardos. À medida que os Estados Unidos vão sobrevivendo a essa privação de família e comunidade, veremos se os deuses atenderão.

PARTE IV

O que a Revolução está fazendo com a Igreja?

8

O fracasso do cristianismo *light*

De vez em quando ocorre um evento histórico tão carregado de uma força inesperada que seu efeito é o de uma grande onda sob águas paradas — momentaneamente nos lançando acima da superfície dos tempos, numa crista onde os movimentos mais amplos da história podem ser vislumbrados mais claramente do que antes. Um tal momento foi a histórica decisão de Bento XVI, em 2009, de oferecer aos membros da Comunhão Anglicana um atalho para a Igreja Católica.[1]

Embora os comentaristas tenham rapidamente qualificado esta inesperada abertura como um "gambito", o que ela realmente exibiu eram as características de um movimento conhecido no xadrez como "novidade": um golpe ousado e imprevisto que transforma o jogo. No curto prazo, os entendedores concordaram, tal novidade pode não parecer grande coisa; o número de clérigos anglicanos que ela trouxe equivale a gotas no balde de uma igreja universal.[2]

1 Philip Pullella, "Pope Makes It Easier for Anglicans to Convert", *Reuters*, 20 de outubro de 2009.

2 Incluindo o ex-prelado anglicano e bispo de Rochester, Michael Nazir-Ali, que ao explicar sua decisão terminou com sua "oração sincera para que todos aqueles de herança anglicana recuperem a fé trazida à Inglaterra por Santo Agostinho de Cantuária e seus companheiros de missão, bem como a fé daqueles santos do Norte e do Ocidente que evangelizaram o todo das ilhas britânicas", Michael Nazir-Ali, "From Anglican to Catholic", *First Things*, abril de 2022, https://www.firstthings.com/article/2022/04/from-anglican-to-catholic.

No longo prazo, porém, esta abertura parece ter consequências de outro gênero. Sugere que o fim à vista não é apenas o da Comunhão Anglicana, mas de algo ainda mais importante: o próprio "cristianismo *light*" como um fenômeno histórico.

Com este termo, entende-se a multifacetada experiência institucional (que começou com a Comunhão Anglicana, mas não parou nela) de tentar preservar o cristianismo ao mesmo tempo que descarta alguns dos seus ensinamentos tradicionais — especificamente, aqueles relativos à moralidade sexual. Examinando o registro atualizado do que aconteceu às igrejas dedicadas a esta longa experiência religiosa moderna, levanta-se agora uma questão fatídica: será que os exercícios nesta dissidência do ensino tradicional sempre contiveram as sementes da sua própria destruição? As evidências, preliminares mas abundantes, sugerem que a resposta é sim.

Se assim for, então as implicações para o futuro do cristianismo são profundas. Se é o cristianismo *light*, e não o cristianismo real, que é fatalmente falho e incapaz de se sustentar, então convém uma reavaliação do conhecimento herdado, tanto religioso como secular. Significa que as razões para o declínio da frequência à igreja podem estar fundamentalmente mal compreendidas. Significa que os ensinamentos tradicionais mais indesejados e fora de moda do cristianismo merecem um olhar novo e respeitoso. Como uma questão estratégica, significa também que a vitória da ortodoxia ou da heterodoxia nos conflitos internos dos cristãos pode ser uma questão de vida ou morte da religião. Os militantes heterodoxos trilham o mesmo caminho seguido pelas igrejas do cristianismo *light*: para baixo, para baixo, até a irrelevância religiosa.

Este uso da expressão *cristianismo light* não pretende de modo algum descrever de alto a baixo o protestantismo contemporâneo. Muitas igrejas não-católicas — incluindo algumas das mais vibrantes — não rejeitaram o código moral cristão tradicional. A frase também não pretende implicar que as questões sexuais sejam as *únicas* questões teológicas que dividem a cristandade nos dias de hoje. Todos os tipos de diferenças continuam agindo como para-raios: a infalibilidade papal, o estatuto teológico de Maria, a ordenação das mulheres e seu papel na Igreja, a predestinação, a justificação e as demais controvérsias teológicas historicamente responsáveis por estilhaçar a cristandade.

Mas ao assumir mais uma vez o topo dessa onda temporal, pode-se ver claramente que *não* são estas as questões que atualmente dividem as igrejas do cristianismo puro e as igrejas do cristianismo *light*. Hoje, estas últimas definem-se quase exclusivamente pela dissidência do ensino tradicional sobre sexo.

Com certeza, os paroquianos comuns entendem o caso. Pergunte a qualquer protestante contemporâneo o que mais distingue a sua versão do cristianismo daquela do catolicismo romano, e ele provavelmente dará alguma versão desta resposta: *os católicos ainda estão obcecados pelo sexo, e nós, não. Eles proíbem coisas como o divórcio, controle da natalidade, aborto e homossexualidade, e nós, não*. Esta interpretação dos fatos, aliás, estaria essencialmente correta. Neste momento particular da história cristã, é o sexo — e não Maria, ou os santos, ou a predestinação, ou o Purgatório, ou a infalibilidade papal, ou as boas obras — que divide o cristianismo em dois campos.

Como é que o sexo, entre todos os assuntos, passou a ditar a forma da fé no futuro? Em certo sentido, o potencial sempre existiu. Desde os primeiros adeptos em diante, a rigidez do código moral cristão tem sido motivo de comentários — para não falar de reclamações. "Nem todos os homens podem aceitar esta palavra", dizem aos discípulos quando Jesus proíbe o divórcio. Observadores ao longo da história, cristãos ou não, concordaram. Desde a Roma pagã, há dois mil anos, até à Europa ocidental secular de hoje, as regras da Igreja sobre o sexo equivaleram a dizer *não, não e não* a coisas sobre as quais os não-cristãos dizem *sim* ou perguntam *por que não?*

Mesmo assim, dizer que o liberacionismo moderno tornou inevitável o cristianismo *light* é cair numa armadilha historicista. A História com H maiúsculo não controla o drama humano; são pessoas individuais quem o controlam. Render-se à imperiosidade do *Zeitgeist* também ignora um ponto histórico relevante. Foram os anglicanos que começaram a desmontar a tapeçaria da moralidade sexual cristã, e muito cientes disso, aliás — há centenas de anos, muito antes da Revolução Sexual e por causa de um tema específico: o divórcio. Na verdade, num fascinante desenvolvimento que em retrospectiva tornou-se patente, o cisma anglicano por causa do divórcio se mostra como modelo dos exercícios seguintes do cristianismo *light*.

Durante cerca de dois séculos, e apesar de ter sido parida pelo processo de divórcio de Henrique VIII, a Igreja da Inglaterra manteve-se firme no mesmo princípio da indissolubilidade do casamento em que o resto da tradição cristã insistia. De acordo com uma história do divórcio chamada *Untying the Knot*, de Roderick Phillips, "nenhum bispo, arcebispo ou titular de alto cargo na Igreja da Inglaterra, na primeira metade do século XVII, apoiou a legalização do divórcio".[3]

Esta dedicação inicial aos princípios acabaria por não se manter, passando a desgastar um padre e uma paróquia por vez. Nos Estados Unidos, relata Phillips, as igrejas anglicanas logo relaxaram as restrições mais estritas, tornando o divórcio mais ou menos fácil, dependendo de onde a pessoa morava. Enquanto isso, embora a Igreja da Inglaterra tenha ficado atrás da Episcopal, em meados do século XVIII o divórcio tornara-se disponível, na teoria e na prática, por um ato do Parlamento — um recurso que, embora não amplamente exercido, mostrava como se podem estabelecer, com influência suficiente, exceções ao princípio da indissolubilidade.

3 Roderick Phillips, *Untying the Knot: A Short History of Divorce*, Cambridge, University of Cambridge Press, 1991, p. 33.

Depois houve outra virada no rumo da teologia que não poderia ter sido prevista pelos primeiros reformadores. A partir do Sínodo Geral de 2002, os anglicanos divorciados passaram a poder casar na igreja novamente. Na ocasião, um porta-voz observou cuidadosamente: "Isto não garante automaticamente o direito das pessoas divorciadas de se casarem novamente na Igreja".[4] Mas tais advertências equivaliam a um fraseado impotente. Se a realeza e os seus consortes podiam se casar na igreja — tendo já casado e divorciado e recasado — por que todos os outros anglicanos não deveriam desfrutar da mesma brecha?

Assim, a tentativa anglicana de iluminar o código moral cristão, no tocante à questão específica do divórcio, exibe um padrão constante na história da experiência do cristianismo *light*: primeiro, são abertas limitadas exceções a uma regra; em seguida, essas exceções deixam de ser limitadas e tornam-se a norma comum; finalmente, essa mesma norma é santificada como se gozasse de aprovação teológica.

O mesmo padrão emerge em outro exemplo da tentativa histórica de desemaranhar um fio do novelo do ensino moral: a dissidência sobre a contracepção artificial. Também neste tema os anglicanos assumiram o pioneirismo. Ao longo da maior parte da sua história, todo o cristianismo — mesmo o cristianismo dividido — manteve o ensino de que a contracepção artificial era errada.[5] Somente na Conferência de Lambeth de 1930 essa unidade foi destruída pela posteriormente famosa Resolução 15, na qual os anglicanos apelavam a exceções à regra em certas circunstâncias conjugais (e apenas conjugais) difíceis e cuidadosamente delineadas.[6]

---

4 "Anglican Church Doors Open for Divorcees to Remarry", *Sydney Morning Herald*, 16 de novembro de 2002.

5 Ver John T. Noonan, *Contraception: A History of Its Treatment by the Catholic Theologians and Canonists*, edição ampliada. Cambridge, MA, Belknap Press, 1966. Ele resume na p. 6: "Nenhum teólogo católico jamais ensinou: 'A contracepção é um bem'".

6 A partir da aprovação da Resolução 15 na Conferência de Lambeth de 1930, "os bispos da igreja cuja teologia era mais próxima da da Igreja Católica Romana já não aderiam a uma proibição absoluta da contracepção". *Ibid.*, p. 409.

Exatamente como aconteceu com o divórcio, a permissão à contracepção dos anglicanos nasceu em grande parte da compaixão pela fragilidade humana e ligou-se à ideia de que tais casos seriam meras exceções à regra teológica. Assim, apesar de a Resolução 15 ter representado uma ruptura radical com dois milênios de ensino cristão, continha também o cuidado de enfatizar seu caráter limitado enquanto reforma, incluindo uma "forte condenação da utilização de quaisquer métodos de controle da concepção por motivos de egoísmo, luxo ou mera conveniência".

No entanto, tal como aconteceu com o divórcio, o esforço para manter a linha nessas fronteiras tão escrupulosamente traçadas rapidamente se revelou inútil. Em pouco tempo, o controle da natalidade não apenas estava teologicamente aprovado em certas circunstâncias difíceis, mas, logo depois, era considerado a norma. E isso não foi tudo. Numa terceira volta da roda reformista que nenhum dos presentes em Lambeth em 1930 poderia ter previsto, a contracepção artificial passou a ser sancionada por alguns membros proeminentes da Comunhão Anglicana não apenas como uma opção, mas como a *melhor* escolha moral. Na época do bispo episcopal James Pike, apenas cerca de um quarto de século depois, era possível que um líder cristão declarasse (como ele fez) que os pais que não deveriam ter filhos não só tinham permissão para usar métodos contraceptivos, mas também, na verdade, tinham a obrigação moral de usar as formas mais eficazes de contracepção disponíveis.[7]

O Bispo Pike foi um dos muitos líderes do cristianismo *light* a participar neste processo teológico que leva da normalização de um ato à sua santificação. Conquanto as igrejas ortodoxas orientais tenham, em geral, ficado ao lado de Roma na questão da contracepção, a maioria das igrejas protestantes acabou seguindo o mesmo roteiro da Anglicana — passando, uma por uma, da aceitação relutante em

---

7 "Religião: The Birth-Control Debate", *Time*, 21 de dezembro de 1959.

circunstâncias especiais, para a aceitação na maioria ou em todas as circunstâncias e, finalmente, em alguns casos, completando a inversão teológica. Ninguém menos que uma autoridade como o evangelista batista Billy Graham, por exemplo, acabou por aceitar que o controle de natalidade devesse lidar com o que chamou de "terrível e trágico problema" da superpopulação.[8]

Em apenas algumas décadas, por outras palavras — seguindo o mesmo padrão do divórcio — a contracepção nas igrejas do cristianismo *light* deixou de ser uma opção infeliz, para uma opção normal, para a opção teologicamente *preferível* em alguns casos.

Consideremos agora um terceiro exemplo do mesmo padrão histórico que perdura noutra área: a dissidência dos ensinamentos cristãos tradicionais contra a homossexualidade. Como muitos de ambos os lados da divisão tiveram oportunidade de observar, o comportamento homossexual foi proscrito ao longo da história pelo judaísmo, bem como pelo cristianismo, até muito, muito recentemente — incluindo nas igrejas do cristianismo *light* (Henrique VIII, para citar um exemplo proeminente, invocou a alegada homossexualidade dos monges como parte da sua justificação para a apropriação dos mosteiros).

No entanto, "extraordinariamente", como se expressa William Murchison em seu livro *Mortal Follies: Episcopalians and the Crisis of Mainline Christianity* (Loucuras mortais: os episcopais e a crise do cristianismo *mainline*), "uma questão que mal chegava aos limites da consciência geral há trinta anos assumiu importância central para a vida presente e o futuro do Igreja Episcopal".[9] Por que esta transformação? Em parte, porque os reformadores de Lambeth e de outros lugares não previram outra coisa que, em retrospectiva, parece óbvia: o movimento da aceitação

---

8 Allan C. Carlson, *Godly Seed: American Evangelicals Confront Birth Control, 1873-1973*, Oxfordshire, Inglaterra, Routledge, 2011, p. 125-26.

9 William Murchison, *Mortal Follies: Episcopalians and the Crisis of Mainline Christianity*, Nova York, Encounter Books, 2009, 152.

ocasional da contracepção para a celebração da homossexualidade se mostraria logicamente óbvio.

Robert Runcie, por exemplo, antigo arcebispo de Canterbury, explicou a sua própria decisão de ordenar candidatos envolvidos em comportamento homossexual exatamente por esses motivos. Numa entrevista à rádio *BBC* em 1996, ele citou a Conferência de Lambeth de 1930 ao observar: "Quando a Igreja aceitou a contracepção artificial, sinalizou que a atividade sexual era para o deleite humano e uma bênção, mesmo que estivesse apartada de qualquer ideia de procriação. Uma vez que se declara que a atividade sexual é... em si mesma agradável a Deus, então o que dizer das pessoas envolvidas na expressão homossexual e que são incapazes de expressão heterossexual?"[10].

O Arcebispo da Cantuária, Rowan Williams, também conectou retrospectivamente os pontos entre a aprovação do sexo propositalmente estéril para heterossexuais, por um lado, e a extensão da mesma cortesia teológica aos atos homossexuais, por outro. Como observou numa palestra em 1989, três anos antes de se tornar bispo:

> Numa igreja que aceita a legitimidade da contracepção, a condenação absoluta das relações de intimidade entre pessoas do mesmo sexo deve basear-se ou num abstrato desdobramento fundamentalista de uma série de textos muito ambíguos, ou numa teoria problemática e não bíblica sobre a complementaridade natural, aplicada estreita e grosseiramente à diferenciação física, sem levar em conta as estruturas psicológicas.[11]

Assim, em retrospecto, o caminho anglicano moderno parece não apenas nada surpreendente, mas logicamente

---

10 Citado em Sharmila Devi, "Ex-Archbishop of Canterbury Ordains Gays", *UPI*, 16 de maio de 1996, https://www.upi.com/Archives/1996/05/16/Ex-archbishop-of-Canterbury-ordains-gays/6350832219200/.

11 Citado em Alexander Lucie-Smith, "What Is Sex for?", *Catholic Herald*, 23 de março de 2012, https://catholicherald.co.uk/what-is-sex-for/#!.

(se não exatamente religiosamente) elegante. A rejeição da proibição do controle da natalidade não foi incidental à subsequente desunião civil dos anglicanos sobre a homossexualidade e, mais tarde, sobre o transgenerismo. Foi o estopim da guerra civil sexual do cristianismo.

Além disso, pelo menos a partir da ordenação em dezembro de 2009, em Los Angeles, do segundo bispo não celibatário e homossexualmente ativo da Igreja Episcopal, é claro que o estatuto teológico da homossexualidade — tal como o da contracepção antes — passou de uma opção para uma opção religiosamente aprovada. Portanto, a homossexualidade junta-se ao divórcio e à contracepção no ciclo religioso característico do cristianismo *light*, conferindo a uma prática outrora proibida um selo de aprovação heterodoxo.

Outro padrão também emergiu retrospectivamente da experiência em curso no cristianismo *light*: a reescrita das regras sobre o sexo, historicamente falando, não se limita ao sexo. Vez após vez, essa reescrita catalisou desvios do ensino tradicional também em outras áreas.

Consideremos o já mencionado bispo episcopal James Pike, cuja evolução religiosa ilustra este ponto. Conforme observado, seus pontos de vista sobre a contracepção seguiram o caminho clássico do cristianismo *light*. Primeiro, ele aprovou o uso do controle artificial da natalidade, depois passou a insistir nisso e, finalmente, tornou-se presidente do comitê consultivo nacional dos clérigos da Planned Parenthood Federation.[12]

No entanto, a dissidência de Pike em relação ao ensino cristão tradicional, longe de se limitar a questões de moralidade sexual, aumentou ao longo dos anos. Na década de 1960, este pioneiro da ética sexual também questionou outras crenças cristãs de longa data — incluindo o

12 "A Pastor's Take on Birth Control in 1955", *Newsweek Archives*, 26 de janeiro de 2017 (reimpressão de uma coluna de 31 de janeiro de 1955, discutindo o Bispo Pike e a defesa religiosa do controle de natalidade), https://www.newsweek.com//religious-leader-case-birth-control-1955-548678.

parto virginal de Jesus, a Encarnação, a Trindade e o pecado original. Em 1966, o bispo Pike foi até formalmente censurado pela Casa dos Bispos da Igreja Episcopal — uma rara repreensão que significa o quão teologicamente radical ele havia se tornado, até mesmo segundo os elásticos e indulgentes padrões da Igreja Episcopal da América.[13]

Há também o exemplo do professor Joseph Fletcher, outro sacerdote episcopal ordenado que ajudou a construir o cristianismo *light*. Trinta e seis anos decorrem entre a Conferência de Lambeth de 1930 e a publicação do seu livro marcante, *Situation Ethics: The New Morality*. Principalmente preocupado (é claro) com questões sexuais, Fletcher argumentou que não há "nada intrinsecamente bom ou mau *per se* em qualquer ato sexual" e que, por tais motivos, a moralidade convencional merecia ser descartada.[14]

O exemplo de Fletcher mostra mais uma vez como a dissidência do ensino central contamina outras regiões doutrinárias. No final da sua vida, este padre episcopal tinha-se afastado da ortodoxia cristã numa questão controversa após outra: aborto, infanticídio, clonagem, eutanásia e muito mais. Concluindo a transição, ele mais tarde se identificaria como ateu.

O bispo John Shelby Spong, de Newark, NJ, foi outro episcopal proeminente que começou sua carreira rejeitando as regras indesejadas de sempre e passou a rejeitar muito mais. A revista *Time* chamou seu *Living in Sin: A Bishop Rethinks Human Sexuality* de "provavelmente o pronunciamento mais radical sobre sexo já emitido por um bispo".[15] Defendia a já familiar lista de opções sexuais

---

13 Edward H. Pitts, "Pike Demands a Trial", *Christianity Today*, 11 de outubro de 1966, https://www.christianitytoday.com/ct/1966/october-11/pike-demands-trial.html.

14 William Murchison, *Mortal Follies: Episcopalians and the Crisis of Mainline Christianity*, Nova York, Encounter Books, 2009, p. 161.

15 *Time*, citado na contracapa de John Shelby Spong, *Living in Sin: A Bishop Rethinks Human Sexuality*, Nova York, HarperCollins, edição reimpressa, 1988.

do atual cardápio do cristianismo *self-service* — desde a bênção das uniões homossexuais até tudo o mais no sentido de "libertar a Bíblia da prisão literalista".

No entanto, o radicalismo do bispo Spong, embora impulsionado pelo sexo, não parou por aí, tal como o do bispo Pike ou do reverendo Fletcher. Também ele se distanciou ainda mais da doutrina cristã. Spong chegou a dizer que acreditava em Deus, mas não era teísta, por exemplo, e também a negar que Jesus tenha realizado milagres ou ressuscitado dos mortos. O seu registro é tão consistente que R. Albert Mohler Jr., o presidente tradicionalista do Seminário Teológico da Igreja Batista do Sul, certa vez comentou sobre Spong que "hoje em dia, os hereges raramente são excomungados. Em vez disso, eles fazem turnês de lançamentos de livros".[16]

Estes exemplos confirmam um ponto institucional: mesmo nas mãos dos seus mais hábeis defensores, o cristianismo *light* se demonstrou incapaz de reescrever regras apenas sobre sexo. Uma vez dispensado os fundamentos do ensino, parece que mirar contra outras doutrinas inconvenientes torna-se uma tentação avassaladora. Para mudar de metáfora, o que veio primeiro, o ovo da dissidência em relação ao sexo ou a galinha da dissidência em relação a outras questões doutrinárias? O cristianismo *light* parece não poder ficar só com um.

Este mesmo padrão de dissidência sobre a sexualidade, seguido pelo declínio tanto no número de membros como nas atividades da igreja, também aparece claramente nas outras igrejas da linha principal protestante. A velocidade com que a prática e os princípios protestantes entraram em colapso merece ser examinada, especialmente num momento em que alguns católicos parecem ansiosos por seguir o mesmo manual condenado ao fracasso.

---

16 R. Albert Mohler Jr., "Heresy in the Cathedral", *Albert Mohler* (*blog*), 16 de agosto de 2007, https://albertmohler.com/2007/08/16/heresy-in-the-cathedral-2.

Em 1930, por exemplo, a reação inicial entre os luteranos da América à Resolução 15 de Lambeth foi de uma descrença que beirava a hostilidade. Margaret Sanger foi denunciada num jornal luterano oficial como uma "demônia", e numerosos pastores subiram aos púlpitos e às páginas de opinião com queixas contundentes sobre a capitulação teológica dos anglicanos.[17] No entanto, em 1954, os luteranos também encorajavam a contracepção, a fim de garantir que qualquer criança nascida fosse valorizada "tanto por si mesma como em relação ao momento do seu nascimento". [18] Em 1991, a Igreja Evangélica Luterana não só afirmava que a contracepção era boa, mas também apelava oficialmente ao aprendizado universal da "educação sexual" e prevenção da gravidez entre os jovens.

Ao todo, esta foi uma reviravolta que teria chocado os luteranos do passado — começando pelo próprio Martinho Lutero, que certa vez chamou a contracepção de "muito mais atroz que o incesto ou o adultério". Nada disto quer dizer que a motivação por detrás destas mudanças seja inapreensível; pelo contrário, não poderia ser mais transparente. Como observou o estudioso bíblico Carl R. Trueman: "As elites cristãs [hoje] tentam persuadir o mundo secular de que não são tão ruins — não mais em termos das concepções iluministas de razão, mas em termos das preocupações morais desordenadas da época".[19]

Também como os anglicanos, a Igreja Evangélica Luterana na América (ELCA) provou não ser possível puxar um fio do tapete sem que os outros também se soltassem. Em 1991, a sua *Declaração Social sobre o Aborto* concluiu que o aborto poderia ser uma escolha moralmente responsável

---

17 Robert Baker, "Medicating against Motherhood?", *Hausvater Project*, maio de 2010, https://www.hausvater.org/articles/214-medicating-against-motherhood.html.

18 Marcia Clemmitt, "Birth-Control Debate: Should Americans Have Easier Access to Contraception?", *CQ Researcher*, 15, n. 24, 24 de junho de 2005.

19 Carl R. Trueman, "The Failure of Evangelical Elites", *First Things*, novembro de 2021, https://www.firstthings.com/article/2021/11/the-failure-of-evangelical-elites.

em determinadas circunstâncias.[20] Nesse mesmo ano, sua Assembleia Geral (CWA), o principal órgão legislativo da igreja, afirmou que "*gays* e lésbicas [...] são bem-vindos a participar plenamente na vida das congregações da Igreja Evangélica Luterana".[21] Menos de duas décadas depois, em 2009, a tolerância oficial para com os indivíduos foi transposta para outra coisa: a aprovação oficial da prática da homossexualidade, consagrada na decisão de ordenar não-celibatários.

Assim a ELCA, o maior e mais liberal dos organismos luteranos da América, sofreu mais uma consequência decorrente da experiência do cristianismo *light*: a implosão institucional das igrejas que o adotaram. O corpo enfrenta o mesmo destino que a Comunhão Anglicana: ameaças de cisma, desligamento de paróquias, diminuição de fundos e o resto dos problemas institucionais que sempre andaram de mãos dadas com o abandono do dogma.

O destino da Igreja Episcopal e da ELCA também ameaça as demais principais igrejas protestantes — a Igreja Presbiteriana (EUA), a Igreja Unida de Cristo, a Igreja Metodista Unida e a Igreja Batista Americana. Como observou Joseph Bottum: "A morte da linha principal é o fato histórico central do nosso tempo: o acontecimento que distingue as últimas décadas de todos os outros períodos da história americana".[22] Em geral, as doações diminuíram, a frequência diminuiu, a frequência dos jovens diminuiu especialmente e os missionários — um indicador relevante da vibração da fé — têm diminuído rapidamente. Até mesmo o tipo de trabalho social pelo qual as igrejas cristãs são conhecidas

20 Igreja Evangélica Luterana na América, *A Social Statement on Abortion*, adotada pela Assembleia da igreja, 28 de agosto a 4 de setembro de 1991.

21 Igreja Evangélica Luterana na América, "Welcoming Gay and Lesbian People", Resolução de Política Social CA 95.06.50, adotada pela Assembleia Geral da igreja de 1995.

22 Joseph Bottum, "The Death of Protestant America: A Political Theory of the Protestant Mainline", *First Things*, agosto de 2008. Para sua análise das adversidades da espiritualidade protestante após a morte das igrejas tradicionais, consulte *An Anxious Age: The Post-Protestant Ethic and the Spirit of America*, Nova York, Image Books, 2014.

também diminuiu. O voluntariado protestante tradicional, de acordo com o *Barna*, caiu chocantes 21% apenas entre 1998 e 2008.[23]

Embora o declínio e a desordem tenham visitado de forma tão implacável as principais igrejas do protestantismo americano, as instituições protestantes de mentalidade mais tradicional revelaram-se comparativamente robustas. Pelo menos desde o trabalho do sociólogo Dean Kelley na década de 1970, que culminou no livro *Why Strict Churches Are Growing*, os observadores têm tentado dar sentido a esse fenômeno.[24] O aborto — sobre o qual algumas igrejas protestantes de mentalidade tradicional são agora mais rígidas do que costumavam ser — é um exemplo. Ainda mais inesperado que alguns protestantes proeminentes estejam repensando a contracepção artificial.[25]

Esta reconsideração é um dos fatores religiosos menos esperados e pleno de possíveis consequências nos Estados Unidos. Ela está acontecendo porque os novos líderes têm levado a sério as lições da experiência e tentam evitar o estiolamento que atingiu a Comunhão Anglicana e outras igrejas protestantes da linha principal.

O enfraquecimento do dogma afasta as pessoas da igreja? Ou será que o declínio no número de fiéis leva os líderes a relaxarem os dogmas? Assim como vimos na análise sobre a dissidência, não é necessário compreender a resposta em toda a sua complexidade causal. A trajetória é bastante clara. Como observou monsenhor Ronald Knox, lendário convertido e professor, há cerca de oitenta anos: "A evacuação dos bancos e o alijamento da carga do púlpito" têm andado de mãos dadas desde que o cristianismo *light*

---

23 "Report Examines the State of Mainline Protestant Churches", *Barna*, 7 de dezembro de 2009, https://www.barna.com/research/report-examines-the-state-of-mainline-protestant--churches/.

24 Dean Kelley, *Why Strict Churches Are Growing: A Study in Sociology of Religion*, Nova York, Harper & Row, 1962.

25 Ver Mary Eberstadt, *How the West Really Lost God: A New Theory of Secularization*, West Conshohocken, PA, Templeton Press, 2013, cap. 10, para mais citações.

passou a ser experimentado.[26] Aparentemente, e tal como no caso da dissidência doutrinária, onde aparece um, logo se vê o outro.

Em suma, o cristianismo *light* deixou evidências suficientes para que possamos avaliar esse experimento colossal como um fracasso. A tentativa de jogar fora a água indesejada da moral sexual leva o bebê — o resto das práticas e crenças cristãs — junto com ela. O que explica este resultado memorável, talvez até contraintuitivo — e que talvez teria chocado os arquitetos desta reviravolta religiosa, que ansiavam apenas por um cristianismo com uma face humana mais feliz?

Uma resposta parece evidente. Se um número suficiente de pessoas der de ombros, durante um tempo suficiente, à ordem de serem fecundos e multiplicarem-se, suas igrejas também se tornarão estéreis. Pesquisas confirmam isso. Em uma pesquisa publicada em 2005 na *Christian Century*, três sociólogos (Andrew Greeley, Michael Hout e Melissa Wilde) argumentam que razões "meramente demográficas" entre 1900 e 1975 explicavam cerca de três quartos do declínio nas igrejas da linha principal (Episcopal, Luterana, Presbiteriana e Metodista).[27] Em contraste, salientaram eles, durante esses mesmos anos o número de membros aumentou em igrejas protestantes mais conservadoras (Batista, Assembleia de Deus, Pentecostal e assim por diante). O que fez a diferença foi que as mulheres nas primeiras igrejas começaram a usar contracepção artificial antes das mulheres nas últimas — em suma, "o chamado declínio da linha principal pode, em última análise, ser atribuído à sua aprovação antecipada da contracepção".

Uma segunda razão para a autodestruição do cristianismo pode ser esta regra prática: as pessoas que rejeitam

26 Ronald A. Knox, *The Beliefs of Catholics*, São Francisco, Ignatius Press, 2000, cap. 1, "The Modern Distaste for Religion".

27 Michael Hout, Andrew Greeley e Melissa J. Wilde, "The Demographic Imperative in Religious Change in the United States", *American Journal of Sociology* 107, n. 2, 2001: p. 468-500.

regras exigentes também se irritam com as mais fáceis. Na década de 1950, quase metade dos fiéis da Igreja da Inglaterra assistia aos cultos aos domingos.[28] Em 2000, essa fração era de cerca de 7%, e isso inclui afiliadas carismáticas e pentecostais. Essas quedas tornaram-se comuns nas igrejas do cristianismo *light*. É evidente que facilitar a vida das pessoas nos bancos não as tornou mais inclinadas a sentar-se neles.

A observação de que o cristianismo *light* significa destruição histórica não é derrotista, mas também não é triunfalista. A ortodoxia cristã talvez nunca desfrute daquilo que o mundo entende por vitória, ou sequer de uma reviravolta social em relação ao *status quo* no Ocidente. Muitos católicos, incluindo vozes influentes dentro da Igreja, ainda desejam abandonar a mesma bagagem indesejada que os seus irmãos protestantes abandonaram. Esta é mais uma razão para enfatizar que as igrejas que escolheram este caminho estão morrendo.

Não há dúvida de que serão necessários séculos até que os locais de culto de ontem se tornem aquilo que acabarão por se tornar — abrigos, mesquitas, discotecas, salas de concertos, asilos de idosos. Entretanto, outras questões sobre a figura do cristianismo no futuro ainda estão para ser respondidas. O que será dos protestantes mais tradicionais e opositores do cristianismo *light* em outras partes do planeta, a começar pelo Sul global? Mesmo na crista de qualquer onda histórica, a visão só alcança até certo ponto.

Ainda assim, não é trivial vislumbrar no horizonte o início do fim não só do anglicanismo como o mundo o conheceu, mas também das outras igrejas que uniram os seus destinos ao do cristianismo *light*. É difícil exagerar quão significativo é seu atual momento — ou o quanto representam um estimulante tapa na cara da modernidade. Afinal de contas, se há um único ponto com o qual as pessoas

---

28 Steve Bruce, "Christianity in Britain, R.I.P.", *Sociology of Religion* 62, n. 2, 2001: p. 191-203.

esclarecidas têm concordado há muito tempo, é que certas noções antiquadas devem ser abandonadas em prol de um cristianismo mais amável e gentil.

Seria mais do que estranho se esses mesmos anacronismos se revelassem peças que, afinal, não podem ser sacrificadas — sem as quais, o resto da casa cairia. Por outro lado, não seria a primeira vez, na história cristã, que uma pedra rejeitada por alguns dos construtores se revelou uma pedra angular.

9

O que causa a secularização?

Superficialmente, o título deste capítulo é uma simples pergunta. Tem apenas cinco palavras. Parece que os imponentes aparatos da sociologia moderna, com métricas e planilhas, e inúmeros dados gerados de inúmeras maneiras, deveriam ser capazes de responder facilmente a tal questão.

No entanto, ao mesmo tempo, "O que causa a secularização?" é também uma questão subversiva, porque vira de cabeça para baixo o quadro conceitual da longa conversa ocidental sobre o cristianismo. Desde o Iluminismo, a crença religiosa tem sido tratada como algo atípico, algo estranho, um artefato do passado que precisa ser "explicado". Perguntar "O que causa a secularização?" contesta esse enquadramento. Afirma que o secularismo de hoje, e não a religião organizada, é a anomalia cujas origens merecem um exame minucioso.

A questão é justa. A história registrada afirma que os seres humanos, em geral, são teotrópicos. Pessoas de todas as culturas e de todos os tempos inclinam-se para Deus ou deuses; a humanidade dividida por línguas está, no entanto, unida por *alguma* noção de transcendência, *alguma* crença numa realidade além dos sentidos. Às vezes parece que o sobrenatural foi banido do salão, apenas para entrar novamente pela porta dos fundos. As práticas e crenças da Nova Era e as novas formas de "espiritismo", por exemplo, continuam a preencher parte do vazio deixado pelo declínio do cristianismo americano organizado. Como disse um escritor da *New Yorker*, descrevendo as semelhanças e o ímpeto entre o espiritismo de hoje e o espiritismo de ontem,

> [...] os Espiritualistas de hoje têm algo em comum com os seus antecessores vitorianos, situados como estão noutra era de rápida mudança tecnológica e crescente secularização; a *internet* e a realidade virtual são a fotografia e a telegrafia do momento presente, tecnologias tão avançadas que se aproximam do bizarro; naquela época, como agora, uma vasta penumbra de protoespiritualistas cerca os verdadeiros crentes. Não mais persuadidos pelos relatos religiosos ortodoxos, mas também não satisfeitos com o materialismo puro, eles fazem experiências com médiuns, cristais, tarô e mapas astrológicos, ou simplesmente compartilham histórias sobre o estranho e o inexplicável.[1]

A questão é que as pessoas não deixam seu lar espiritual por *nada*, mas sim por algum outro tipo de fé, mesmo que com outro nome. Durante a era do "distrito incendiado",[2] por exemplo, surgiram várias novas seitas que afastaram os convertidos das igrejas congregacionais, batistas, metodistas e outras igrejas protestantes da época.[3] Algumas destas *startups* viriam a se tornar multinacionais, como a Igreja de Jesus Cristo dos Santos dos Últimos Dias e os Adventistas do Sétimo Dia — continuando a conquistar novos membros entre os fiéis das práticas religiosas preexistentes, da mesma forma que o tremendo crescimento do cristianismo na África durante as últimas décadas afastou fiéis como o Cardeal

---

1 Casey Cep, "Why Did So Many Victorians Try to Speak with the Dead?", *The New Yorker*, 24 de maio de 2021.

2 O termo "burned-over district" refere-se a regiões do estado de Nova York onde, no início do século XIX e no contexto do Segundo Grande Avivamento evangélico, houve uma grande renovação no fervor religioso. [N. T.]

3 Para uma história, consulte Whitney R. Cross, *The Burned-Over District: The Social and Intellectual History of Enthusiastic Religion in Western New York, 1800-1850*, Ithaca, Cornell University Press, 1982.

Robert Sarah do animismo e outros africanos do Islã, do sincretismo e das religiões indígenas relacionadas que lá já estavam antes do atual proselitismo cristão.[4]

Tais exemplos sugerem que a dicotomia pós-iluminista amplamente aceita entre fé e não-fé é simplista, até mesmo enganadora; é mais provável que todos acreditem *em alguma coisa* — incluindo os lendários "arreligiosos", como discutiremos adiante. Pode ser que a própria "secularização" seja um termo genérico que mais oculta do que esclarece sobre o real "destino" da crença religiosa. Para os nossos propósitos aqui, porém, "secularização" pode ser um termo útil enquanto ponderamos esta outra forma de formular a questão inicial: como é que sociedades outrora marcadamente cristãs se tornaram menos cristãs? Este é certamente um dos quebra-cabeças mais interessantes da história — ainda mais porque seus contornos ficam mais nítidos a cada década que passa.

Consideremos alguns exemplos dos Estados Unidos. Os lendários "arreligiosos", pessoas em sua maioria jovens que assinalam "nenhuma das opções acima" quando solicitados a descrever a sua fé religiosa, são lendários por uma razão: o seu crescimento tem sido vertiginoso. Em 2021, de acordo com a Pew Research, a porcentagem de "arreligiosos" era 6% superior à de cinco anos antes e 10% superior à de 2011.[5] Por outro lado, os autodenominados cristãos representavam 63% da mesma população em 2021, abaixo dos três quartos de uma década antes. A jovem América está cada vez mais desigrejada.

Padrões semelhantes podem ser observados em outras sociedades ocidentais outrora profundamente influenciadas

4 Para um relato do impressionante crescimento do cristianismo na Ásia e na África durante o final do século XX até o século XXI, ver John Micklethwait e Adrian Wooldridge, *God Is Back: How the Global Revival of Faith Is Changing the World*, Londres, Penguin, 2010, especialmente a p.16.

5 Gregory A. Smith, "About Three-in-Ten US Adults Are Now Religiosamente Unaffiliated", *Pew Research Center*, 14 de dezembro de 2021, https://www.pewresearch.org/religion/2021/12/14/about--three-in-ten-u-s-adults-are-now-religiously-unaffiliated/.

pela fé cristã. Na Austrália, os "arreligiosos" representavam 6,7% da população em 1971; em 2021, eram 38,9%.[6] Embora o cristianismo tenha permanecido a religião "mais comum", pesando 43,9%, tem diminuído constantemente, perdendo mais de um milhão de adeptos entre 2016 e 2021. Na Itália, onde mais de 70% da população ainda se identifica como "católica", o número de cidadãos que frequentam a igreja pelo menos uma vez por semana caiu para doze milhões em 2020, uma queda de seis milhões em relação a 2010.[7] De maneira análoga a outras nações ocidentais, como observou o mesmo relatório, "os que mais rezavam eram os cidadãos com mais de 75 anos, enquanto a menor taxa de indivíduos que frequentavam serviços religiosos pelo menos uma vez por semana foi registada na faixa entre 18 e 24 anos". Na Inglaterra e no País de Gales, a afiliação "cristã" está oscilando em 51% pela primeira vez na história registrada.[8]

Mesmo a Polônia, muito mais devota, não está imune a essas tendências. O Instituto de Estatística da Igreja Católica da Polônia, por exemplo, informa que a frequência semanal à Missa era de 53% em 1987. Em 2011, tinha caído para menos de 40%. Continua a diminuir de forma constante. De acordo com a Conferência dos Bispos Poloneses, em 2020, apenas 36,9% dos católicos do país assistiam à missa dominical, uma queda de quase dois pontos percentuais em relação a 2018.[9]

---

6 "Religious Affiliation in Australia", Australian Bureau of Statistics, 7 de abril de 2022, https://www.abs.gov.au/articles/religious-affiliation-australia.

7 "Number of People Who Attend Religious Services at Least Once a Week in Italy from 2006–2020", *Statista*, 21 de junho de 2022, https://www.statista.com/statistics/576085/weekly-church-attendance-in-Italy/.

8 Kaya Burgess, "Losing Our Religion: Christians Poised to Become a Minority", *Sunday Times*, 18 de dezembro de 2021.

9 "Catholic Church in Poland Records 1.3% Fall in Sunday Mass Attendance in 2019", *Catholic News Agency*, 11 de dezembro de 2020, https://www.catholicnewsagency.com/news/46879/catholic-church-in-poland--records-13-fall-in-sunday-mass-attendance-in-2019. Estes dados foram compilados pelo Instituto de Estatísticas da Igreja Católica.

Esta tendência cruza continentes e chega ao Canadá, Nova Zelândia, Austrália e ao resto do Ocidente.[10] Deixando as estatísticas de lado, há também outras medidas da recessão do cristianismo na esfera pública a serem consideradas, desde o sucesso comercial do novo ateísmo durante o fim da década de 1990 às mudanças nas normas legais sobre a expressão religiosa, passando pelo manifesto crescimento da animosidade pública, particularmente em relação à Igreja Católica — e especialmente após a sentença do caso *Dobbs*, que reverteu a de *Roe vs. Wade*.[11]

O que aconteceu aqui? Como Charles Taylor apresentou retoricamente a questão: por que a crença em Deus era corriqueira há quinhentos anos, e agora é considerada algo que necessita de explicação?[12]

Comece entendendo o que *não* aconteceu. Muitas pessoas supõem, para citar um exemplo de teoria vigente, que a prosperidade leva à rejeição de Deus. Nas mentes dos secularistas sofisticados, a religião é o famoso "ópio das massas" de Marx — um prêmio de consolação para os pobres e atrasados. Se esta explicação convencional da secularização fosse confiável — se previsse corretamente quem seria religioso e por quê — então seria razoável esperar que quanto mais pobres e menos instruídas fossem as pessoas, *mais* religiosas elas seriam.

Porém, a verdade é que estes estereótipos *não* estão corretos. É possível encontrar muitos casos em que se dá o oposto.[13]

---

10 Para uma análise detalhada da secularização em países individuais, ver Mary Eberstadt, *How the West Really Lost God: A New Theory of Secularization*. West Conshohocken, Templeton Press, 2013, especialmente notas de rodapé à introdução e cap. 1.

11 Ver, por exemplo, Richard W. Garnett, "Anti-Catholic Attacks after *Dobbs*", *First Things*, 29 de junho de 2022, e Joe Bukuras, "Vandalism of Churches, Pro-Life Pregnancy Centers Continues after Dobbs", *Catholic News Agency*, 5 de julho de 2022.

12 Charles Taylor, *A Secular Age*, Cambridge, Belknap Press, 2007, p. 32.

13 Para uma consideração mais ampla da relação entre classe social e frequência à igreja, ver Mary Eberstadt, *How the West*, caps. 2, 3 e 4.

Consideremos a pesquisa do historiador britânico Hugh McLoed sobre a religiosidade em Londres entre as décadas de 1870 e 1914. Num livro chamado *Class and Religion in the Late Victorian City*, ele documenta que entre os anglicanos em Londres durante esse período, "o número de fiéis aumenta, a princípio gradualmente e depois de forma acentuada a cada degrau na escala social".[14] Dito de outra forma, "os distritos mais pobres tendiam, portanto, a ter as taxas mais baixas de frequência [à igreja], [e] aqueles com grandes populações de classe média alta e de classe alta as mais altas".[15] A realidade religiosa no exemplo da Londres vitoriana era contrária ao estereótipo. "Apenas uma pequena proporção de adultos proletários", observa ele, "assistia aos principais cultos religiosos dominicais" (sendo os católicos irlandeses a única exceção).[16]

O historiador britânico Callum G. Brown defende a mesma opinião sobre a religiosidade na Inglaterra durante esses anos: contrariamente ao senso comum, "a classe trabalhadora era irreligiosa e [...] as classes médias eram frequentadoras da Igreja e bastiões da moralidade civil".[17]

O mesmo padrão pode ser encontrado hoje nos Estados Unidos. Sugere que o bem-estar material não explica o declínio da crença religiosa. Um dos exames mais completos da religiosidade americana foi publicado em 2010 pelos sociólogos Robert D. Putnam e David E. Campbell. Os seus dados em *American Grace: How Religion Divides and Unites Us* confirmam que o *status* social elevado não correlaciona com a irreligiosidade — muito pelo contrário. Durante a primeira metade do século XX, observam os autores, as pessoas com formação universitária participavam

14 Hugh McLeod, *Classe e Religião na Cidade Vitoriana*, Hamden, Archon Books, 1974, p. 28-29.

15 *Ibid.*, p. 29.

16 *Ibidem.*

17 Callum G. Brown, *The Death of Christian Britain: Understanding Secularization, 1800-2000*, Londres, Routledge, 2001, 149.

mais da vida da igreja do que aquelas com menos educação. Depois da década de 1960, o declínio geral começou a acelerar, mas a frequência tendeu a ser mais elevada entre os mais instruídos do que entre os menos instruídos. Os autores concluem: "Esta tendência é claramente contrária a qualquer ideia de que a religião hoje em dia proporciona consolo aos deserdados e despossuídos, ou que uma maior instrução subverte a religião".[18]

O objetivo desta excursão estatística não é inventar um estereótipo neocalvinista que ligue o sucesso na vida ao favor divino. Trata-se, antes, de observar que a intuição, por si só, não é um guia confiável para traçar o curso da secularização — e este fato põe em causa os relatos convencionais do declínio religioso. A prosperidade e a educação não expulsam Deus.

Considere outra teoria. Será a secularização a consequência das duas guerras mundiais do século XX, como outros sugeriram? Terão os homens e mulheres ocidentais perdido a fé num Criador benevolente quando confrontados com os horrores e contagens de corpos sem precedentes da Segunda Guerra Mundial — as invasões, o bombardeamento de civis, o Holocausto?

Visitar Auschwitz é entender por que alguns pensam assim. De fato, é difícil observar um poço cheio de cinzas humanas tão grande que ainda existe, quase oito décadas depois, sem pensar um pouco no problema da teodiceia. E, no entanto, a ideia de que Deus morreu em Auschwitz ou em algum outro dos horrores do século XX também é problemática.

Em primeiro lugar, seria difícil explicar como nações com experiências tão diferentes nessas guerras — a neutra Suíça, a derrotada Alemanha, a vitoriosa Grã-Bretanha — podem hoje ser irreligiosas mais ou menos num mesmo grau.

---

18 Robert D. Putnam e David E. Campbell, *American Grace: How Religion Divides and Unites Us*, Nova York, Simon and Schuster, 2010, 253.

A teoria do trauma de guerra também não explica por que razão países não envolvidos nas guerras apresentariam as mesmas tendências. Philip Jenkins acompanhou o declínio na prática religiosa na América Latina, notando "sinais de secularização [...] que seriam impensáveis há não muito tempo".[19] Além dos dados sobre frequência e crença, a liberalização das leis sobre o aborto em países que outrora foram redutos católicos é um exemplo impressionante. Além disso, é difícil conciliar a mesma teoria com a religiosidade que persistiu em partes do Oriente sob o domínio soviético, apesar da severa opressão: mosteiros expropriados, clérigos perseguidos, propriedades da igreja confiscadas e tudo o mais. Mais notavelmente, a Polônia, berço das piores devastações da Segunda Guerra Mundial, foi e continua a ser mais fiel do que suas contrapartes ocidentais.

Mas a evidência mais convincente contra a teoria da guerra é histórica. O fim da Segunda Guerra Mundial foi, de fato, seguido por uma explosão de religiosidade — que ocorreu não apenas nos Estados Unidos, mas em todo o Ocidente. Aqueles anos foram tais que Will Herberg, o sociólogo mais notável da religião na América, pôde observar em seu clássico *Protestant-Catholic-Jew* que o ateu da aldeia era uma figura do passado e que até o agnosticismo parecia estar a diminuir.[20] Dessa forma, a América havia se tornado novamente devota, na década de 1950.

Esta mesma explosão de religiosidade também se expandiu sobre todo o Ocidente. Observou-se tanto entre os vencidos como entre os vitoriosos, os neutros e todos os outros, aos economicamente devastados e também aos prósperos. Na esfera pública, a retórica dos líderes era pró-cristã de

---

19 Philip Jenkins, "A Secular Latin America?", *Christian Century*, 12 de março de 2013, https://www.christiancentury.org/article/2013-02/secular-latin-america. Ver também o seu livro *Fertility and Faith: The Demographic Revolution and the Transformation of World Religions*, Waco, Baylor University Press, 2020, que afirma o argumento deste capítulo: a formação familiar e a formação religiosa estão unidas pela raiz.

20 Will Herberg, *Protestant-Catholic-Jew: An Essay in American Religious Sociology*, Chicago, University of Chicago Press, 1983, p. 46-47.

uma forma que hoje nos parece inacreditável. Para dar apenas um exemplo, o chanceler alemão Konrad Adenauer, disse num famoso discurso em Colônia que a Alemanha se entregara aos nazis porque o seu cristianismo não tinha sido suficientemente forte.[21] A vibração do cristianismo naqueles anos é afirmada pela sua influência comercial; testemunhe a extraordinária popularidade dos temas cristãos nos sucessos de bilheteria de Hollywood de meados do século. Em suma, a explosão religiosa da era do pós-guerra imediato refuta, por si só, duas ideias: a de que o declínio cristão é inevitável; e de que as guerras mundiais por si só fossem a causa da secularização.

A sociologia pode mapear tendências com dados, mas quando se analisa a questão elementar do motivo pelo qual as pessoas deixam de ir à igreja — ou, aliás, por que vão — as teorias atuais são insuficientes. Em vez disso, e de forma crucial, a religião aumenta e diminui no mundo — forte num momento, mais fraca no seguinte.

Isto nos leva a uma variável explicativa da secularização que exige atenção muito maior do que a que tem recebido na sociologia da religião. Essa variável é a família — mais especificamente, a relação entre a saúde da família e a saúde do cristianismo. Estudar a linha do tempo histórica é ver que a vibração religiosa e a vibração familiar andam de mãos dadas. Por outro lado, o mesmo acontece com o declínio religioso e o declínio familiar: onde se encontra um, espera-se o outro.

Regresse àqueles anos de religiosidade do pós-guerra como um caso de teste. A explosão religiosa coincidiu perfeitamente com um fenômeno muito mais familiar: a explosão demográfica chamada *Baby Boom* — que por sua vez foi precedida por uma explosão de casamentos. Em todo o Ocidente, a Segunda Guerra Mundial foi seguida por um

---

21 Hans-Peter Schwarz, *Konrad Adenauer: A German Politician and Statesman in a Period of War, Revolution and Reconstruction: From the German Empire to the Federal Republic, 1876-1952*, Oxford, Berghahn Books, 1995, p. 357.

aumento no número de casamentos e de bebês. A explosão demográfica e a explosão religiosa não são *meras* coincidências. Claramente, uma fomentava a outra. Claramente, há algum fator na vida familiar que aumenta a probabilidade de as pessoas irem à igreja e acreditarem em Deus.

Na verdade, há mais do que "algum" fator. Em primeiro lugar, a vida familiar encoraja a vida religiosa porque as mães e os pais procurarão uma comunidade moral com ideias semelhantes na qual possam situar os seus filhos. Criar filhos é um trabalho árduo e a enormidade da tarefa pesa muito sobre a maioria dos pais. Não é de admirar que tantos procurem a ajuda de uma comunidade.[22] Desta forma prosaica, a criação de uma família conduz algumas pessoas à igreja, literalmente.

Por outro lado, como obviamente também é verdade, embora não tenha sido tão bem estudado, a falta de uma família elimina o incentivo social para a igreja. Dependendo do que tenha perturbado os laços familiares, famílias fragmentadas também podem interferir na formação religiosa de outras formas. Lembre-se do trabalho de Paul Vitz sobre o ateísmo, ligando os pontos entre a rejeição de um pai terreno e a rejeição de um Pai sobrenatural. A raiva e a perda generalizadas sentidas por muitos filhos de casais divorciados podem facilmente se espalhar para outros âmbitos, incluindo a raiva de *seja quem for* que tenha inventado um mundo tão ruim. A música popular das décadas de 1990 e 2000 afirma essa relação; raiva do mundo e raiva da família fragmentada são dois de seus temas dominantes.[23]

Há outra maneira pela qual tornar-se mãe ou pai parece afetar a religiosidade. A própria experiência do nascimento — de simplesmente tornar-se e *ser* mãe e pai — transporta muitas pessoas para um estado de espírito religioso.

22 Um ministro batista e apresentador de rádio certa vez me disse que quase toda pessoa nova que entra em sua congregação é uma mãe ou um pai com um bebê nos braços.

23 Mary Eberstadt, "Eminem Is Right", *Policy Review*, dezembro de 2004 / janeiro de 2005, https://www.hoover.org/research/eminem-right.

O vínculo primordial entre pais e filhos é, para muitos, o mais poderoso no drama humano.

As ciências sociais afirmam que a religiosidade exerce um poder protetor sobre o casamento e a vida familiar; pessoas casadas têm, se religiosas, uma probabilidade consideravelmente menor de se divorciarem, e pessoas religiosas têm maior probabilidade de se casar em caso de gravidez não conjugal.[24] Por outro lado, a experiência da ruptura conjugal parece afetar negativamente a filiação religiosa; mulheres que se divorciam na meia-idade, por exemplo, têm uma probabilidade significativamente menor de se envolverem com uma religião num momento posterior.[25] Simultaneamente, a fé religiosa funciona como um fator de prevenção à ruptura familiar; de acordo com um estudo de 2018 do Instituto de Ciências Sociais Quantitativas da Universidade de Harvard, a prática religiosa reduz o divórcio em até 50%.[26] Os dados do Inquérito Social Geral confirmam que os cristãos, em particular, têm maior probabilidade de casar e menos probabilidade de se divorciar, se forem frequentadores regulares de uma igreja.[27]

Estas ligações apontam para outra forma de compreender o declínio religioso: a secularização do Ocidente acontece, em parte, porque muitos já não se casam, porque o divórcio se tornou um fato comum da vida e porque muitos não conseguem ter filhos. As correlações entre religiosidade e formação familiar não podem ser descartadas como meras coincidências. Considere um exemplo do lado inverso: Escandinávia. Quem foi o pioneiro da maternidade solteira

---

24 W. Bradford Wilcox, "Religion and the Domestication of Men", *Contexts* 5, n. 4 (outono de 2006): p. 42-46, https://journals.sagepub.com/doi/pdf/10.1525/ctx.2006.5.4.42.

25 Kimiko Tanaka, "The Effect of Divorce Experience on Religious Involvement: Implications for Later Health Lifestyle", *Journal of Divorce and Remarriage* 51, n. 1, 2010: p. 1-15.

26 Shanshan Li, Laura D. Kubzansky e Tyler J. VanderWeele, "Religious Service Attendance, Divorce, and Remarriage among U.S. Nurses in Mid and Late Life", *Plos One*, 3 de dezembro de 2018, https://journals.plos.org/plosone/article?id=10.1371%2Fjournal.pone.0207778.

27 Brian Hollar, "Regular Church Attenders Marry More and Divorce Less Than Their Less Devout Peers", *Institute for Family Studies*, 4 de março de 2020, https://ifstudies.org/blog/regular-church-attenders-marry-more-an-divorce-less-than-their-less-devout-peers.

do pós-guerra e do seu íntimo aliado, o estado de bem-estar social (cujo papel indiscutivelmente crítico na secularização também faz parte deste quadro)? A Escandinávia. Qual é provavelmente o lugar mais atomizado do mundo ocidental hoje quando medido pelo número de pessoas que não vivem em família? Novamente, a Escandinávia. De acordo com o *Eurostat*, pouco mais da metade das unidades familiares suecas atualmente são individuais. Na Finlândia, essa porcentagem é superior a quarenta.[28]

Esses fenômenos estão claramente relacionados. A família é um impulsionador da fé religiosa, e não apenas vice-versa. A Escandinávia é apenas um exemplo da "dupla hélice" da família e da fé no trabalho. O que aconteceu na família escandinava — encolhimento e fragmentação — transformou as igrejas escandinavas. A relação causal é bidirecional. Cada instituição precisa da outra para se reproduzir.

Compreender a simbiose entre família e fé simplifica o "quebra-cabeça" da secularização. Também lança dúvidas sobre a noção de que a queda na religiosidade se explique por uma humanidade que tenha se dado conta da inexistência da Divindade e seguido em frente. Essa caricatura pode identificar o que as pessoas seculares acreditam. Mas não é o que o registo histórico sugere sobre a relação entre participar da *criação* (com c minúsculo) de seres humanos e acreditar na Criação.

Outro fato sobre a familiaridade também é pertinente. O cristianismo como religião é em si intrinsecamente familiar — o que significa que tanto privilegia a família como conta a sua própria história através de metáforas intensamente domésticas, vez após vez. É uma fé que começa, afinal, com um bebê e uma Sagrada Família — uma mãe que se submete completamente ao filho e um pai adotivo amoroso. A história da Encarnação não faz sentido fora

---

28 "Over Half of Sweden's Households Made Up of One Person", *Eurostat*, 9 de maio de 2017, https://ec.europa.eu/eurostat/web/products-eurostat-news/-/ddn-20170905-1.

deste quadro familiar. Da mesma forma, o ato da morte de Jesus é uma reafirmação da primazia da família; ele instala o apóstolo João como filho de Maria e Maria como mãe de João.

Como poderia uma história como essa *não* causar confusão numa época pós-revolucionária como a nossa, em que tantos repudiam os laços familiares primordiais ou sequer os possuem? Como se pode explicar Deus, o Pai benevolente, a um adolescente que nunca conheceu tal figura? Este é um exemplo de como os costumes pós-revolucionários dificultam a educação religiosa. Esses impedimentos à fé moldam a prática de ir à igreja — ou não. A guarda partilhada dos filhos, que faz com que muitas crianças passem fins de semana alternados com pais separados, é um exemplo. Mudar entre famílias diferentes todos os sábados ou domingos *por si só* torna a instrução e a prática religiosa consistentes não apenas inconvenientes, mas praticamente impossíveis.

A secularização também continua a ganhar terreno devido à concorrência não reconhecida, mas poderosa, da fé secularista rival analisada no Capítulo 3. Por exemplo, em 2021, quando questionados sobre a razão pela qual estavam abandonando o catolicismo, 64% dos italianos inquiridos disseram que discordavam da posição da Igreja sobre "problemas sociais".[29] Quais "questões" são os mais prováveis objetos de disputa? Alimentar os famintos? Cuidar dos pobres ou dos doentes? Aqui, como noutros lugares, a verdadeira razão pela qual as pessoas abandonam a Igreja é o seu desejo de se expressar sexualmente sem serem impedidas pela autoridade religiosa.

Em suma, as mudanças na formação familiar agora comuns em todo o mundo ocidental fazem com que a história religiosa cristã pareça mais incoerente, remota ou

29 "Number of People Who Attend Religious Services at Least Once a Week in Italy from 2006 to 2020", *Statista*, 23 de agosto de 2021, https://www.statista.com/statistics/576085/weekly-church-attendance-in-Italy/.

indesejada — ou as três coisas — numa sociedade habituada ao comportamento pós-revolucionário. A evangelização nestes tempos exige a criatividade de uma nova ordem. A situação é análoga a explicar a alguém que só viveu em edifícios de apartamentos como seria viver numa casa — especialmente a alguém que nunca viu uma casa. Não é impossível. Mas explica parte do que deve ser superado para que o cristianismo possa competir de fato contra a igreja secularista, as espiritualidades do tipo "faça você mesmo", a Nova Era e o resto, para não falar dos concorrentes tradicionais que são as outras religiões organizadas.

Resumindo: o declínio do cristianismo no Ocidente não é acidental à mudança nos padrões familiares ocidentais. Esses fenômenos épicos são gemelares e não podem ser compreendidos separadamente.

Assim como tem sido dada uma atenção acadêmica insuficiente ao papel do colapso familiar, também há pouca discussão sobre as consequências sociais da secularização. Por que o declínio do cristianismo faz diferença? Em parte, porque a justiça social faz diferença — e porque a Igreja, por sua própria natureza, não pode abandonar a busca pelo bem comum.

Tal como observado no Capítulo 2, dada a oportunidade de escolher entre o humanitarismo, de um lado, e a pureza dogmática relativamente à Revolução Sexual, de outro, os ativistas escolhem a revolução. A Liga Nacional de Ação pelo Direito ao Aborto e grupos afins processaram centros de cuidados gestacionais em todo o país — isto é, instituições de caridade onde mulheres desesperadas podem fazer ultrassonografias gratuitas e obter ajuda e apoio para ter um bebê, bem como ajuda com itens que variam desde cuidados médicos até móveis para bebês e outras necessidades diárias.[30] Grupos pró-aborto têm procurado impedir a operação destes centros de gravidez a todo momento, através

30 Ver Mark Sherman, "Supreme Court Voids Part of Crisis Pregnancy Center Law", *PBS News Hour*, 26 de junho de 2018.

de processos onerosos e outros meios políticos. Após o caso *Dobbs*, que reverteu a sentença de *Roe vs. Wade* em 2022, a oposição aos centros intensificou-se. A senadora Elizabeth Warren, por exemplo, expressou a sua esperança de encerrar até o último deles em Massachusetts.[31]

Em conjunto com o procurador-geral da Califórnia, por exemplo, a Liga Nacional fez *lobby* por mudanças na legislação que exigissem dos centros de cuidados para gestações em crise do estado que aconselhassem mulheres grávidas sobre aborto e contracepção — em outras palavras, forçando cristãos a reproduzir discursos que violam as suas consciências, com a intenção insensível de expulsar fiéis religiosos do trabalho de ajuda a mulheres desesperadas. Em 2018, o Supremo Tribunal dos Estados Unidos reverteu a decisão de um tribunal inferior que apoiava a lei, em grande parte alegando que esta impedia a liberdade de expressão. O caso foi revelador de outra forma: expôs as táticas cruéis comuns entre ativistas para quem a escolha do aborto prevalece sobre todo o resto, incluindo o conforto e a segurança das mulheres grávidas que optam por não abortar.[32]

Os Estados Unidos não são o único exemplo da via de mão dupla entre os desejos secularistas de "derrotar" os cristãos e a indiferença secular às consequências. Processar instituições de caridade que não se conformam com exigências não-cristãs ou anticristãs ultrapassa fronteiras. Na Bélgica, um asilo de idosos católico que se recusou a permitir que um dos seus pacientes fosse morto no local foi multado pelo governo em seis mil euros, alegando que "o asilo de idosos não tinha o direito de recusar a eutanásia com base na objeção de consciência".[33] No Canadá, a

31 Christopher Bell, "Elizabeth Warren Smears Pro-Life Charities", *Wall Street Journal*, 5 de julho de 2022.

32 Victoria Colliver, "Supreme Court Sides with Crisis Pregnancy Centers in Fight over California Law", *Politico*, 26 de junho de 2018.

33 Simon Caldwell, "Catholic Care Home in Belgium Fined for Refusing Euthanasia", *Catholic Herald*, 4 de julho de 2016, https://catholicherald.co.uk/catholic-care-home-in-belgium-fined-for-refusing-euthanasia/.

"assistência médica para morrer", ou *Maid*, tornou-se legal em 2016, e em 2021 foi alterada para expandir o acesso à morte assistida, inclusive, para pessoas cujo fim natural não era iminente.[34] O cerco legal para que as agências cristãs de adoção deixem de se conformar ao que a Bíblia diz sobre a família também tem um alcance internacional; a última agência católica de adoção remanescente na Grã-Bretanha, por exemplo, foi encerrada em 2012, após anos de batalhas legais.[35]

Os fiéis que sentem que o seu cristianismo é um fardo nestes tempos pós-revolucionários podem recordar-se das pessoas marginalizadas e rejeitadas que dependem das igrejas — e que dependem de que os cristãos *sejam* cristãos. Tal como mencionado no Capítulo 2 sobre "a nova intolerância", o secularismo tem uma tolerância inaceitavelmente alta aos danos colaterais infligidos a seres humanos. Esta verdade, manifestada nas atuais escaramuças pela liberdade religiosa, só pode se tornar cada vez mais patente. Ao longo desse processo, os fiéis compreenderão melhor o lado moral da igreja que antagoniza o secularismo. Enquanto isso, o caminho para a restauração religiosa passa por onde sempre passou: pelo lar.

---

34 "Get the Facts: Canada's Medical Assistance in Dying (MAID) Law", *Dying with Dignity Canada*, https://www.dyingwithdignity.ca/end-of-life-support/get-the-facts-on-maid/.

35 "Ruling Forces Last Catholic Adoption Agency in England and Wales to Cease Adoptions", *Catholic News Agency*, 20 de agosto de 2010, https://www.catholicnewsagency.com/news/20619/ruling-forces-last-catholic-adoption-agency-in-england-and-wales-to-cease-adoptions.

10

O poder profético de *Humanae Vitae*

Assim como enganar os pobres e fracos dá crédito à alternativa ao cristianismo, a lógica e o empirismo continuam a defender os mesmos antigos ensinamentos rejeitados pela ordem pós-revolucionária. Este lado evolutivo do registro empírico também poderá afetar as pessoas do presente e do futuro.

Em 2008, no quadragésimo aniversário de um dos documentos mais famosos e insultados da história moderna, a *First Things* publicou um ensaio de minha autoria, chamado "The vindication of *Humanae Vitae*". Citando evidências contemporâneas de muitas fontes, incluindo sociologia, psicologia, história e literatura feminina contemporânea, o artigo argumentava:

> Quatro décadas mais tarde, não só as previsões mais marcantes do documento foram confirmadas pela força dos fatos, como também foram ratificadas como poucas previsões o são: de formas que os seus autores não poderiam ter previsto, incluindo por meio de informações que não existiam quando o documento foi escrito, por estudiosos e outros sem qualquer interesse em seu teor, e na verdade até mesmo inadvertidamente, e em mais de um aspecto, por muitos orgulhosos adversários públicos da Igreja.[1]

---

1 Mary Eberstadt, "The Vindication of *Humanae Vitae*", *First Things*, agosto de 2008, https://www.firstthings.com/article/2008/08/002-the-vindication-of-ihumanae-vitaei.

É claro que dizer que as provas abundam não é o mesmo que dizer que certo argumento válido é alegremente aceito — nem há cinquenta anos, nem há dez anos, nem hoje. A promessa de sexo sob demanda, livre de constrangimentos, é uma incomparável tentação coletiva. É por isso que, desde a invenção da pílula anticoncepcional, a resistência ao código cristão tradicional tem sido incessantemente feroz, e é por isso que tantos leigos e clérigos desejam que estas regras — entre outras — sejam menos onerosas. Mesmo assim, hoje, como antes, confundir "difícil" com "errado" é um erro fundamental. Inclinando-nos para *a realidade*, há apenas uma conclusão a se tirar da evidência empírica. É a mesma conclusão que era visível há dez anos e que continuará visível daqui a dez, cem ou duzentos anos: a encíclica mais indesejada dos tempos modernos é também a mais profética e explicativa.

Deixemos de lado a teologia, a filosofia, a ideologia e outras abstrações e enumeremos as mais recentes realidades que justificam a *Humanae Vitae*, uma por uma.

A primeira realidade empírica foi analisada em detalhe no Capítulo 1, "Mais paradoxos da Revolução Sexual": o aumento do uso de contraceptivos também aumentou a quantidade de abortos. Há também o fato de a contracepção e o aborto estarem juridicamente vinculados. Michael Pakaluk descreveu a lógica jurídica:

> No que diz respeito à jurisprudência, o fruto da contracepção é o aborto. Até a década de 1960, estava em vigor em muitos estados a Lei de Comstock, que tornava ilegal a venda de anticoncepcionais até mesmo para casais casados. Essas leis foram anuladas em 1965 pela confusa sentença da Suprema Corte no caso *Griswold*. Porém, em 1973 — apenas oito anos mais tarde —, o Supremo Tribunal deduziu do direito à contracepção, no caso *Roe vs. Wade*, o direito ao aborto.[2]

---

2 Michael Pakaluk, "The Link Between Contraception and Abortion", *First Things*, 23 de janeiro de 2018.

O raciocínio jurídico sobre a liberdade de contracepção tornou-se a pré-condição da liberdade de abortar. Ou, pode-se dizer, a liberdade de contracepção nunca foi suficiente. Dado que todos os métodos de controle da natalidade têm uma taxa de insucesso, apenas o aborto como um "Plano B" poderia dar à contracepção a confiabilidade que as pessoas esperavam.

A história conecta os mesmos pontos causais. O esforço para liberalizar as leis sobre o aborto em países de todo o mundo só começou no primeiro terço do século XX, quando os dispositivos de controle da natalidade começaram a circular mais amplamente. Os estados americanos só começaram a liberalizar as leis sobre o aborto depois da aprovação federal da pílula anticoncepcional em 1960. *Roe vs. Wade* veio depois da pílula, não antes. Como fato histórico, o uso generalizado de contraceptivos suscitou a exigência de mais abortos.

Um pouco pelo fato de cinquenta anos de experiência darem comprovação à realidade número um, uma segunda realidade tornou-se evidente. Pessoas fora da Igreja Católica — principalmente, embora não apenas, alguns importantes protestantes — passaram a ver a *Humanae Vitae* sob uma nova luz, mais favorável.

Como observado no Capítulo 8, cada vez mais vozes protestantes questionam a indiferença em relação à sabedoria de se adaptar aos tempos, na esperança de poupar as próprias igrejas do destino daquelas que fizeram tal adaptação. Esta reconsideração está longe de ser uma visão majoritária — ainda. Mas deixa claro do que é que qualquer visão minoritária precisa para conquistar outras mentes: comprovação e energia moral. Vejamos alguns exemplos.

"Muitos evangélicos estão aderindo à conversa sobre o controle da natalidade e seu sentido. Os evangélicos chegaram tarde à questão do aborto, e chegamos tarde à questão do controle da natalidade, mas estamos aqui agora".[3]

— R. Albert Mohler Jr., presidente, Seminário Teológico da Igreja Batista do Sul, 2010

"Os evangélicos não veem mais uma posição anticontraceptiva como exclusiva dos católicos romanos, como teriam visto no passado".[4]

— Jenell Paris, antropóloga, Messiah College, 2012

"Aumenta o número de protestantes que se opõem ao controle da natalidade".[5]

— Manchete *do New York Times*, 2012

"Sempre que os acontecimentos atuais abordam questões da vida, evangélicos como eu ficam cada vez mais desconfortáveis com a cultura da contracepção. Percebemos que temos muito mais em comum com os católicos, que reverenciam a vida, do que com as feministas radicais que reverenciam os direitos das mulheres acima de tudo."[6]

— Julie Roys, autora evangélica e blogueira, 2012

"Os protestantes não se ajudaram ao ignorar a substancial declaração da *Humanae Vitae* sobre a antropologia e a sexualidade humana... Os protestantes fariam bem em estudar a encíclica de Paulo VI e prestar atenção em seus avisos".[7]

— Evan Lenow, professor do Seminário Teológico Batista do Sudoeste, 2018

3 R. Albert Mohler Jr., "The Pill Turns 50 — TIME Considers the Contraceptive Revolution", *Albert Mohler* (*blog*), 26 de abril de 2010, https://albertmohler.com/2010/04/26/the pill-turns--50-time-considers-the-contraceptive-revolution.

4 Citado em Mark Oppenheimer, "Many Evangelicals See Something to Admire in Candidates' Broods", *New York Times*, 20 de janeiro de 2012.

5 *Ibidem*.

6 Julie Roys, "Christians and the Contraception Culture", *Roys Report* (*blog*), 1º de março de 2012.

7 Evan Lenow, "Protestants and Contraception", *First Things*, janeiro de 2018.

Como observado no Capítulo 8, estas dúvidas entre os protestantes e outros não-católicos são menos uma ruptura radical com a tradição cristã do que um regresso a ela.

Em 1930, na Conferência de Lambeth que mudaria tudo, Charles Gore, o bispo de Oxford, opôs-se à Resolução 15. Ele tinha "várias razões para acreditar que, no caso da Prevenção da Natalidade, a 'muito forte tradição da Igreja Católica' está correta e tem sanção divina".[8] O movimento atual de alguns protestantes em direção à *Humanae Vitae* é, em parte, uma declaração tácita de que, em retrospectiva, a posição do bispo de Oxford parecia o lado certo.

Na África, tanto os protestantes como os católicos tendem ao tradicionalismo. Aqui, como em outras partes da história, a máxima proferida pelo sociólogo Laurence R. Iannaccone é válida: "Igrejas rigorosas são fortes" — e, ao mesmo tempo, as igrejas relativizantes são fracas.[9] É neste continente de mentalidade tradicional que o cristianismo tem crescido exponencialmente a partir da *Humanae Vitae* — em oposição àquelas nações cujos líderes cristãos se esforçaram, e ainda se esforçam, para reescrever o livro de regras.

Como relatou o Pew Research Center, "os africanos estão entre os que mais se opõem moralmente à contracepção".[10] Um número substancial de pessoas no Quênia, em Uganda e em outros países subsaarianos — católicos ou não — concorda com a proposição de que o uso de contraceptivos é "moralmente inaceitável"; em Gana e na Nigéria, representa mais de metade da população. Apesar de décadas de proselitismo secularista, muitos na África

---

8 Charles Gore, "Lambeth on Contraceptives", *Project Canterbury*, Londres, Mowbray, 1930.

9 Laurence R. Iannaccone, "Why Strict Churches Are Strong", *American Journal of Sociology*, 99, n. 5, 1994.

10 Michael Lipka, "Africans Among the Most Morally Opposed to Contraception", *Pew Research Center*, 16 de abril de 2014, https://www.pewresearch.org/fact-tank/2014/04/16/africans-among-the-most-morally-opposed-to-contraception/.

resistiram às tentativas dos reformadores de convertê-los ao programa sexual ocidental secular — o que envolve, claro, a diminuição do número de africanos.

O nigeriano Obianuju Ekeocha, autor do livro *Target Africa: Ideological Neo-Colonialism of the Twenty-First Century*, escreveu uma carta aberta a Melinda Gates, cuja fundação dedica recursos impressionantes à difusão do controle da natalidade entre os africanos: "Vejo estes 4,6 bilhões de dólares a comprar-nos miséria. Vejo que esse dinheiro nos compra maridos infiéis. Vejo-o nos comprando ruas desprovidas da inocente conversa das crianças [...]. Vejo-o nos comprando uma aposentadoria sem o cuidado e carinho de nossos filhos".[11]

Os africanos não são os únicos destinatários das campanhas para expandir a *Weltanschauung* contraceptiva. Nem são os únicos a rejeitar a ideia de que o mundo estaria melhor com menos deles. Como disse um notável indiano, alvo da mesma mensagem há alguns anos: "É inútil esperar que o uso de contraceptivos se restrinja à mera regulação da descendência. Só há esperança de uma vida decente enquanto o ato sexual estiver definitivamente relacionado com a concepção de uma vida preciosa".[12] O autor destas frases não é Elizabeth Anscombe, cujo famoso ensaio de 1972 "Contracepção e castidade" defendeu *a Humanae Vitae* com esta mesma lógica.[13] É Mahatma Gandhi — mais um não-católico a confirmar o raciocínio por trás do ensino moral cristão. "Exorto os defensores dos métodos artificiais a considerarem suas consequências", explicou, noutra ocasião. "Qualquer uso intenso dos

---

11 Obianuju Ekeocha, *Target Africa: Ideological Neo-Colonialism of the Twenty-First Century*, São Francisco, Ignatius Press, 2018.

12 M. K. Gandhi, *Self-Restraint vs. Self-Indulgence*, Ahmedabad, Índia, Navajivan Publishing House, 1947, p. 149.

13 G. E. M. Anscombe, "Contraception and Chastity", em Janet E. Smith, ed., *Why Humanae Vitae Was Right: A Reader*, São Francisco, Ignatius Press, 1993, p. 121-47.

métodos provavelmente resultará na dissolução do vínculo matrimonial e no amor livre".[14]

O medo de que as "autoridades públicas" possam "impor" estas tecnologias aos cidadãos — como *a Humanae Vitae* também alertou — perdura, e com razão. Isto aconteceu na China através da sua bárbara política do filho único, repleta de abortos forçados e esterilizações involuntárias, de 1980 a 2021. Um tipo mais brando de coerção apareceu nos Estados Unidos e em outras nações ocidentais, onde foram feitos esforços para vincular resultados desejados ao controle de natalidade obrigatório. Na década de 1990 e posteriormente, por exemplo, alguns juízes dos Estados Unidos apoiaram que o Estado forçasse a implantação de contraceptivos de longo prazo em mulheres condenadas por crimes.[15] Tal força implícita provocou críticas (entre outros) da União Americana pelas Liberdades Civis (Aclu): "As recentes tentativas de coagir mulheres a usar Norplant representam o retorno a uma era de racismo e eugenia escancarados"[16].

A realidade número três diz respeito à situação das mulheres modernas. A contracepção, como se costuma afirmar, tornou-as mais felizes e livres do que nunca. Será mesmo? As evidências apontam o contrário — desde as pesquisas sociais que sugerem que o grau de felicidade feminina nos Estados Unidos e na Europa tem diminuído ao longo do tempo,[17] até as dolorosas narrativas que surgem diuturnamente no feminismo acadêmico e popular, até o crescente receio, entre as mulheres seculares, de que o casamento tenha se tornado impossível e que é melhor

14 Citado no *site* do Bombay Savodaya Mandal / Gandhi Book Centre, Gandhian Public Charitable Trust, https://www.mkgandhi.org/momgandhi/chap59.htm.

15 Tamar Lewin, "Implanted Birth Control Device Renews Debate over Forced Contraception", *New York Times*, 10 de janeiro de 1991.

16 "Norplant: A New Contraceptive with the Potential for Abuse" (sem data), *site* da ACLU, https://www.aclu.org/other/norplant-new-contraceptive-potential-abuse.

17 Betsey Stevenson e Justin Wolfers, "The Paradox of Declining Female Happiness", *National Bureau of Economic Research*, maio de 2009, https://www.nber.org/papers/w14969.

seguir a vida só. Seria possível encontrar mais indícios de que a *Humanae Vitae* estava certa ao observar o abismo cada vez maior entre os sexos? Consideremos mais dois exemplos.

Em 2012, a Amazon no Reino Unido anunciou que *Cinquenta Tons de Cinza*, de E. L. James, tomou a posição da série de livros *Harry Potter*, de J. K. Rowling, como livros mais vendidos de sua história.[18] Isto atesta uma extraordinária procura comercial *por parte das mulheres* pela história de um homem rico e poderoso que humilha, intimida e comete violência contra uma mulher.

O sadomasoquismo é um tema proeminente em outros âmbitos da cultura — incluindo, novamente, a cultura popular feminina. Com relação à indústria da moda, John Leo observou: "Percebi pela primeira vez a conexão entre moda e pornografia em 1975, quando a revista *Vogue* publicou um ensaio com sete fotos mostrando um homem de roupão de banho espancando uma modelo que gritava em um lindo macacão rosa (US$ 140 na Saks, foto de Avedon).[19] A *Harper's Bazaar* apoiou o ponto: "Muito antes da febre de *Cinquenta tons de cinza*, os *designers* já exploravam o BDSM em busca de inspiração para a indumentária. Dos cortes a todas as formas de faixas para cintura, pulso e tornozelo — sem mencionar o grande volume de couro —, Christian Grey ficaria orgulhoso".[20]

A violência implícita e aberta contra as mulheres satura os videogames e, claro, a pornografia. O estilo sadomasoquista se difundiu na música popular; o número de cantoras mundialmente reconhecidas que *não* prestaram homenagem à pornografia e ao sadomasoquismo é

---

18 Redação da *Reuters*, "'Fifty Shades...' Outsells Potter on Amazon UK", *Reuters*, 1 de agosto de 2012.

19 John Leo, *Two Steps Ahead of the Thought Police*, Londres e Nova York, Routledge, 1994, p. 223.

20 Kerry Pieri, "The Best Bondage on the Runway", *Harper's Bazaar*, 13 de fevereiro de 2015, https://www.harpersbazaar.com/fashion/fashion-week/g5263/best-runway-bondage-fashion/.

cada vez menor. Será que o sucesso de *Cinquenta tons de cinza* ensina que os homens se tornaram tão difíceis que, para conquistar um, vale tudo, por mais degradante que seja?

Isto nos leva a ainda outra realidade: cinquenta anos após o início da Revolução Sexual, uma das questões mais prementes e crescentes para os pesquisadores não é a superpopulação, mas *a subpopulação*. O ensaio sobre a *Humanae Vitae* que assinala seu quadragésimo aniversário sustentou que o pânico referente à superpopulação do final da década de 1960 não passava disso: pânico. Por acaso, e não tão coincidentemente, era um pânico ideologicamente útil para os partidários da mudança no ensinamento moral da Igreja. O texto dizia:

> Tão desacreditada tornou-se a ciência da superpopulação que, este ano, o historiador da Universidade de Columbia, Matthew Connelly, pôde publicar *Fatal Misconception: The Struggle to Control World Population* e obter uma crítica positiva na *Publishers Weekly* — em benefício do que é provavelmente a melhor oposição aos argumentos demográficos que, na expectativa de alguns, minariam o ensino da Igreja. Esta ratificação é ainda mais satisfatória porque Connelly tem plena consciência de estabelecer o seu antagonismo pessoal em relação à Igreja Católica.... *Fatal Misconception* é a prova [secular] decisiva de que o espetáculo da superpopulação, usado para intimidar o Vaticano em nome da ciência, nunca deixou de ser um erro grotesco.[21]

A última década tornou a realidade transparente. A "superpopulação" não é apenas uma quimera ideológica variável; é o *contrário*. A mais nova doença civilizacional, no infértil e envelhecido Ocidente, é a amplamente documentada "epidemia" de solidão.[22]

---

21 Mary Eberstadt, "The Vindication of *Humanae Vitae*", *First Things*, agosto de 2008, https://www.firstthings.com/article/2008/08/002-the-vindication-of-ihumanae-vitaei.

22 Ver Mary Eberstadt, *Primal Screams: How the Sexual Revolution Designed Identity Politics*, West Conshohocken, PA, Templeton Press, 2018, cap. 2, para um resumo da sociologia da solidão em várias nações ocidentais.

Outra realidade a ponderar é histórica e digna de ser reiterada, num momento em que arde sem cessar, em alguns ambientes, esperança de que a Igreja Católica abandone a sua insistência intransigente em pontos doutrinais supostamente retrógrados. As igrejas que se acomodaram à Revolução Sexual implodiram por dentro. Como resumiu uma manchete do *The Guardian* em 2016, às vésperas de uma controversa conferência em Lambeth, na qual representantes africanos da Comunhão Anglicana voltaram a discordar de mudanças no ensino moral: "O Cisma Anglicano sobre a Sexualidade Marca o Fim de uma Igreja Global".[23]

Em 1930, os cristãos ficariam chocados se lhes dissessem que a guerra doutrinal em relação ao sexo destruiria a Comunhão Anglicana; que partes da Comunhão entrariam em guerra legal sobre igrejas e jurisdições, bem como sobre a doutrina; que as separações entre Norte e Sul, Episcopal e Anglicano e África e Europa produziriam divisões e subdivisões, tristeza e aspereza, numa escala global.

De acordo com David Goodhew, editor do volume de 2016 *Growth and Decline in the Anglican Communion: 1980 to the Present*, uma pesquisa de Jeremy Bonner sobre a Igreja Episcopal mostra que:

> Por volta de 2000, instalou-se um sério declínio [...]. A frequência média aos domingos caiu quase um terço entre 2000 e 2015 [...]. A taxa de batismos foi reduzida quase pela metade ao longo de um período de trinta anos [...]. Os dados mais dramáticos se referem aos casamentos [...]. Em 2015, a Igreja Episcopal viu o casamento de menos de um quarto do número de pessoas que ali se casaram em 1980.[24]

---

23 Andrew Brown, "The Anglican Schism over Sexuality Marks the End of a Global Church", *Guardian*, 8 de janeiro de 2016, https://www.theguardian.com/commentisfree/2016/jan/08/anglican-schism-sexuality-end-global-church-conservative-african-leaders-canterbury.

24 David Goodhew, ed., *Growth and Decline in the Anglican Communion: 1980 to the Present*, Londres, Routledge, 2016.

Como Goodhew também observou: "Se acreditamos que a fé cristã é uma Boa-Nova, deveríamos desejar a sua proliferação e ficar apreensivos quando ela diminui". Em 2018, revisitando estatísticas mais recentes sobre a Igreja Episcopal, ele resumiu: "A taxa e o momento relativo do declínio variam acentuadamente, mas quase todas as dioceses estão em declínio até certo ponto [...]. Os dados sobre o tamanho das congregações e o encerramento das congregações sugerem que o envelhecimento da igreja a longo prazo continua, assim como os seus efeitos deletérios".[25]

Os fatos da história religiosa argumentam por si mesmos. A Comunhão Anglicana foi abatida pelo desastre ao fazer exatamente o que os dissidentes da *Humanae Vitae* querem que a Igreja Católica faça: abrir exceções a regras impopulares. Certamente, quem quer que hoje exorte Roma a seguir o exemplo de Lambeth deve primeiro explicar de que maneira o catolicismo terá um destino diferente.

Uma última realidade que justifica a *Humanae Vitae* nunca deixou de perdurar. A tentativa de escolher entre os ensinamentos da Igreja, onipresente a partir da década de 1960, já era autodestrutiva desde o início. O Padre Paul Mankowski expôs o problema de forma brilhante:

> [...] a postura religiosa que emergiu da rejeição à *Humanae Vitae* [...] exige a suposição de que exista um outro mediador da vontade divina; um mediador mais elevado, mais profundo, ou pelo menos mais confiável do que a Igreja docente. Quanto mais enfatizarmos esse ponto, ainda é pouco. Se dizemos que a Igreja está errada na *Humanae Vitae*, este julgamento de que ela está errada exige, para poder ser feito, o recurso a algum padrão. Esse padrão, obviamente, não pode ser a própria Igreja; alguns afirmam que é a intuição moral, outros uma leitura mais academicamente respeitável das Escrituras ou da história da doutrina; outros ainda, algum sistema ético ou lógico abrangente. Mas o ponto crucial é que

---

25 David Goodhew, "Facing More Episcopal Church Decline", *Covenant,* 30 de agosto de 2018, https://covenant.livingchurch.org/2018/08/30/facing -more-episcopal-church-decline/.

> qualquer que seja o padrão considerado fundamentalmente confiável, *esse padrão julga a Igreja e não é julgado por ela.* Eis a verdadeira revolução incitada pela pílula; ao lado dela, o aumento da promiscuidade é uma mera agitação.[26]

"Manuscritos não queimam". Na obra-prima do século XX de Mikhail Bulgákov, *O mestre e Margarida*, um autor desesperado preso sob o opressivo domínio soviético tenta destruir o seu próprio livro não publicado, queimando-o — apenas para descobrir, no desfecho redentor, que isso é impossível. Perigoso demais para ser publicado sob o comunismo, *O mestre e Margarida* só apareceria quase trinta anos após a morte do romancista, em 1940 — quando se tornou a sensação literária mundial que ainda é. Bulgákov enxergou com sua alma o que nunca testemunharia com seus olhos. "Manuscritos não queimam" tornou-se um grito de guerra imortal em nome da natureza indomável da verdade. A verdade, artística ou não, pode ser indesejada, inconveniente, vista com ressentimento, ridicularizada até nos melhores ambientes — e mesmo assediada, reprimida e forçada à clandestinidade. Mas nada disso faz com que deixe de ser a verdade.

Neste momento de vigilância dentro e fora da Igreja, uma irmandade global reconhece as verdades da *Humanae Vitae* e dos ensinamentos relacionados *como verdades*, por mais indesejadas ou difíceis que sejam. Estas pessoas estão entre os mais recentes peregrinos de uma linhagem que remonta a dois mil anos. Eles sacrificaram-se para permanecerem onde estão, e ainda se sacrificam — inclusive renunciando à boa reputação em um mundo zombeteiro.

Estes católicos de berço e convertidos, bem como seus companheiros de viagem não-católicos, tanto clérigos

---

26 Paul V. Mankowski, *Jesuit at Large: Essays and Reviews de Paul V. Mankowski, SJ,* editados e apresentados por George Weigel, São Francisco, Ignatius Press, 2021, 52–53 (grifo nosso).

quanto leigos, têm o consolo de uma *realidade final*, que pode ser a mais indispensável de todas. Quaisquer que sejam as ansiedades do momento, por mais proeminente ou generalizado que seja o descontentamento, o registro vivo continua a justificar a encíclica de Paulo VI. A *Humanae Vitae* não queima.

EPÍLOGO

O que os fiéis devem fazer? A Cruz em meio ao caos[1]

Este livro, tal como o seu antecessor, defende que o ensino moral católico é comprovado por fontes externas à Igreja. O fato de que cada vez mais cristãos e não-cristãos rejeitam esse ensino não afeta nem um pouco o seu valor de verdade. Se o argumento for válido, naturalmente terá ocorrido aos leitores uma questão que está além do caso em si: onde ficam os cristãos nessa interpretação, que agora se perguntam como viver *como* cristãos, numa época em que a resistência à Igreja se tornou turbulenta e calcificada?

Uma visão do extraordinário romancista Evelyn Waugh ilumina a passagem de quase um século. Apareceu num relato surpreendentemente casual que ele fez a um jornal em 1930, sobre as razões da sua conversão à Igreja Católica. Waugh resumiu essa decisão em trinta palavras claras. Disse: "Na presente fase da história europeia, a questão essencial já não é entre o Catolicismo de um lado e o Protestantismo de outro, mas entre o Cristianismo e o Caos".[2]

---

1 Este epílogo foi adaptado de um discurso proferido em 15 de setembro de 2021, à Sociedade de Cientistas Sociais Católicos, após a recepção do seu Prêmio Pio XI anual pela Construção de uma Verdadeira Ciência Social. O evento foi co-patrocinado pelo Departamento de Sociologia e pelo Instituto de Ecologia Humana da Universidade Católica da América.

2 Donat Gallagher, *The Essays, Articles, and Reviews of Evelyn Waugh*, Nova York, Little, Brown and Company, 1984, 103.

Cristianismo ou Caos. Num certo sentido, o dilema entre estes dois termos tem durado desde a Ressurreição. Mas encolher os ombros diante desse dilema e erguer as mãos diante do mundo é uma evasão — especialmente para os católicos, especialmente agora, num momento em que muitos são tentados, por mais de uma razão, a fazer exatamente isso. Os fiéis são chamados a ler os sinais dos tempos, e não a lamentar por eles. Os católicos de hoje não podem começar a viver como cristãos sem primeiro encarar isto de frente e ver as atuais características distintivas do Caos. Qual silhueta se revela?

A primeira é que continuamos a viver na era vista por Matthew Arnold, Henri de Lubac, Aleksander Soljenítsin e outros clarividentes religiosos dos últimos dois séculos: a era moderna, cujo drama consiste em ondas sucessivas de secularização, invadindo com insistência crescente territórios anteriormente considerados como pertencendo exclusivamente de Deus.

A segunda certeza, igualmente evidente, é que as formas de Caos características do primeiro quarto do século XXI são distintas daquelas ocorridas antes. Compare esta época, por exemplo, com a de Waugh. Em 1930, ano em que ele entrou para a Igreja, uma guerra mundial já havia ficado para trás, enquanto outra estava iminente. Na vida de pessoas como ele, que abrange aproximadamente a primeira metade do século XX, o caos tinha uma assinatura diferente. Residia em guerra, emigrações e incrível carnificina.

Apesar dessa carnificina, os pilares sociais continuaram firmes na Europa e na América e noutros herdeiros da civilização ocidental. Famílias foram devastadas pelas guerras, mas a instituição da família, não. A demoníaca antropologia nazi teve os seus dias, como a antropologia comunista também teria, mas fora desses recintos malignos ainda prevalecia uma compreensão cristã da criação, da redenção e de sentido em toda a anglosfera, na Europa ocidental, nas nações colonizadas do Oriente e noutros lugares.

A Igreja Católica também se mantinha firme. Em 1930, o Papa era Pio XI. Já no ano seguinte, ele fundaria a Rádio Vaticano "para proclamar o Evangelho ao mundo", como disse com júbilo. Embora novas formas de Caos começassem a se insinuar em algumas igrejas protestantes, a Barca de Pedro parecia isenta — como Evelyn Waugh salientou quando citou a natureza "coerente e consistente" do ensino católico como a razão principal para a sua conversão.

Como até mesmo esse breve resumo mostra, embora meros noventa e poucos anos nos afastem de 1930, parece mais que estamos a noventa e poucos anos-luz. Considere uma rápida verificação da cena atual.

Primeiro, há um caos familiar crescente, provocado por uma experiência social radical em curso há mais de seis décadas. Os laços humanos elementares foram desgastados e rompidos, e a instituição da família foi enfraquecida numa escala inédita.

Em segundo (e simbiótico) lugar, há também todo tipo de caos psíquico acumulado. Durante décadas, o aumento das doenças mentais foi documentado de forma incontestável. A ansiedade, a depressão e outras aflições resultantes da desconexão e da solidão tornaram-se endêmicas, especialmente entre os mais jovens e mais frágeis.[3] O irracionalismo está à solta.

Em terceiro lugar, há o caos político. Embora as suas causas sejam muitas, a dissolução do clã e da comunidade também deixou marcas. Dito de forma retórica: como é que as pessoas desapegadas e sem vínculos do início do

---

3 Ver, por exemplo, "The State of Mental Health in America", *Mental Health America*, disponível em https://www.mhanational.org/issues/state-mental-health-america. As suas "Principais conclusões de 2022" incluem: em 2019, pouco antes da pandemia da COVID-19, quase 20% dos adultos sofriam de alguma doença mental. A "ideação suicida" entre adultos tem aumentado todos os anos desde 2012. Quase 20% dos jovens com idades entre os doze e os dezessete anos sofriam de depressão. As taxas de uso de substâncias estavam aumentando antes da pandemia. Estas e outras descobertas relacionadas sobre o deplorável estado da saúde mental, especialmente entre os jovens, foram documentadas em muitos estudos. Veja, por exemplo, Kim Tingley, "There's a Mental-Health Crisis Among American Children. Why? The Pandemic Is Not the Only Reason", *New York Times*, 23 de março de 2022.

século XX poderiam produzir outra coisa *senão* uma linguagem pública desordenada?

Quarto, existe um caos antropológico de uma ordem totalmente nova. O mundo ocidental está assolado por uma crise de identidade. Na sua forma mais recente, o pensamento mágico sobre gênero escaparam da academia e transformam a sociedade e a lei — um pensamento tão absurdo que até crianças pequenas poderiam rejeitá-lo. Numa decadência chocante, e diferente de qualquer outra registada na história, muitas pessoas hoje já não sabem sequer o que até crianças pequenas sabem — nomeadamente, quem elas são. Mais uma vez, o irracionalismo está à solta.

Quinto, temos caos intelectual. Fora de algumas instituições fiéis, a educação americana, especialmente a educação de elite, há décadas tem abrigado um estranho no ninho. Hoje, pessoas que não acreditam na verdade dirigem as instituições encarregadas de discerni-la. Um ateu foi recentemente eleito capelão-chefe em Harvard. Por que não? Se não há verdade, não há contradições. Nos departamentos de ciências humanas, o irracionalismo não só está à solta: é ele quem manda.

Sexto, e mais importante: existe um caos de uma nova ordem e sentido entre os católicos em todo o mundo ocidental. Este caos surge de pessoas que querem transformar o ensinamento da Igreja — e da sua animosidade contra outras pessoas que defendem a verdade desse ensinamento. Esta mesma contenda assume uma aparência piedosa em público, à medida que os líderes que ostentam orgulhosamente o rótulo de católicos desafiam com igual orgulho o *Catecismo* e amenizam ou ignoram pontos cruciais do direito canônico, dia após dia. O pensamento mágico também impulsiona esse tipo de caos. O rótulo "católico pró-aborto" faz tanto sentido lógico quanto "capelão ateu" ou "ex-homem". Todos partilham do mesmo irracionalismo característico. Todos exigem que Aristóteles seja cancelado junto com seu princípio de não-contradição — que tanto "a" como "não-a" devem ser acreditados ao mesmo tempo.

O que podemos discernir ao olharmos para este vazio, inescapável companheiro que deixa alguns católicos americanos mais ansiosos do que nunca? Isto que se revela deve enrijecer a nossa espinha. Em todos os casos, o Caos atingiu uma força catastrófica por impulso da própria secularização. No futuro, por mais longo que seja o acerto de contas, ele implica problemas para o legado do secularismo e, sem querer, fortalecerá a Igreja.

O aumento do sofrimento mental e o declínio da religião organizada, por exemplo, não são bolas de um *pinball* cósmico em um percurso aleatório. As ciências sociais confirmam que as pessoas que têm laços sociais robustos têm maior probabilidade de prosperar do que as que não têm.[4] A fé religiosa confere tais vínculos. As ciências sociais também mostram que a família fragmentada e outras formas de isolamento aumentam os riscos de ansiedade, depressão, abuso de substâncias, solidão e outros aborrecimentos. A crença religiosa e a participação os atenuam.[5] Todos estes fatores estressantes foram exacerbados, no Ocidente, pela rejeição a Deus. Consideremos, mais uma vez, que a geração mais sem igreja na América, os "arreligiosos", é também a mais afligida mentalmente. Novamente, encaixam-se a perda do Pai com *P* maiúsculo e a perda contemporânea de tantos pais terrenos.

---

4 Veja, por exemplo, os dados em "Religion's Relationship to Happiness, Civic Engagement and Health around the World", *Pew Research Center*, 31 de janeiro de 2019, que resume: "As pessoas que são ativas em congregações religiosas tendem a ser mais felizes e mais engajadas civicamente do que adultos sem afiliação religiosa ou membros inativos de grupos religiosos, de acordo com uma nova análise do Pew Research Center de dados de pesquisas dos Estados Unidos e de mais de duas dezenas de outros países".

5 De acordo com um resumo dos dados, por exemplo, de 93 estudos observacionais sobre a relação entre religiosidade e depressão, dois terços descobriram que as pessoas religiosas tinham taxas mais baixas de perturbação depressiva e menos sintomas. Uma revisão de sete ensaios clínicos e 69 estudos observacionais sobre ansiedade descobriu que metade deles demonstrava que as pessoas religiosas têm níveis mais baixos de ansiedade. Num outro exemplo, 57 dos 68 estudos sobre suicídio relataram menos suicídios ou mais rejeição ao suicídio entre pessoas religiosas. Por fim, numa revisão de 134 estudos sobre a relação entre religiosidade e abuso de substâncias, 90% encontraram menos abuso de substâncias entre pessoas religiosas. Simon Dein, "Religião, Espiritualidade e Saúde Mental", *Psychiatric Times* 27, n. 1, 10 de janeiro de 2010, https://www.psychiatrictimes.com/view/religion-spirituality-and-mental-health.

A secularização também aumenta o caos familiar. Ao normalizar o divórcio, a falta de pai e o aborto, a humanidade infligiu a si mesma feridas cujas medidas apenas começaram a ser tomadas. O que nasce em casa não fica em casa. Os meninos e meninas perdidos do caos familiar agora saem às ruas, tentando a todo custo substituir os laços primordiais dos quais foram privados pela política identitária. A política identitária é uma lamentável tentativa de alquimia emocional por parte de almas desesperadas por conexão. Também sinaliza uma tácita justificação da intransigência do Magistério em seu ensinamento.

Quanto ao caos que assola a Igreja, este também está enraizado no desejo de abandonar ensinamentos antigos sobre o pecado em troca da aprovação dos pares. Tornou-se padrão falar de católicos "conservadores" e de católicos "progressistas". Mas os rótulos políticos enganam. A verdadeira divisão religiosa é entre os católicos que desejam que tendências seculares poderosas influenciem e transformem a Igreja e os católicos que não querem isso. É entre almas que acreditam que o *Catecismo* é verdadeiro e almas que querem editá-lo com uma caneta vermelha fornecida por um secularismo desaprovador. A verdadeira divisão é entre os católicos que querem que as exigências temporais derrubem a Cruz e os católicos que acreditam que a Cruz não pode ser derrubada.

A questão aqui não é o triunfalismo religioso. É que a secularização está causando prejuízo em todos os campos — e os formadores de opinião secularizados, dentro ou fora da Igreja, não reconhecem essa conta que só aumenta. E assim cabe a outros, incluindo acadêmicos da contracultura, iluminar esse registro. Por dois motivos, esse trabalho é agora vital. Primeiro, porque o caos de hoje causa múltiplas formas de sofrimento que podem ser amenizadas se as suas verdadeiras origens forem compreendidas. Em segundo lugar, porque o caos de hoje equivale a uma prova não intencional de que o cristianismo, e o judaísmo do qual bebeu, oferece uma explicação da natureza humana mais congruente com os fatos, as evidências e a intuição do que a alternativa atrofiada e materialista.

Em meio às confusões de hoje, há uma verdade que ficou muito tempo esquecida. Nossa cultura secularizante não é uma cultura qualquer — é uma cultura inferior. É má de coração. Faz pouco do sofrimento. Considera as vítimas das suas experiências sociais não como vítimas, mas como aceitáveis danos colaterais, justificados em nome do progresso.

Este é o segredo tácito do secularismo. É também a maior vulnerabilidade do secularismo.

Seu esforço por fazer pouco do sofrimento pode ser visto, por exemplo, nos esforços que visam transformar os horrores da prostituição em um anódino "trabalho sexual". Impulsiona as tentativas de normalizar a pornografia, ignorando as calamitosas perdas para homens, mulheres e para o romance. Impulsiona a pressão para encerrar centros de cuidados gestacionais e agências de adoção, sem se importar que bebês, crianças e pessoas pobres precisem deles. Encobre dados sobre taxas de suicídio, transtornos alimentares, abuso de substâncias e outros índices de sofrimento mental, inclusive entre a população transgênero.[6] Da mesma forma, o secularismo ignora outros sofrimentos, especialmente entre as crianças e os adolescentes da pós-revolução, quando o reconhecimento de tais danos pode pôr em risco as agendas políticas.

---

6 Ver, por exemplo, Elizabeth W. Diemer *et al.*, "Gender Identity, Sexual Orientation, and Eating-Related Pathology in a National Sample of College Students", *Journal of Adolescent Health* 57, n. 2, agosto de 2015: p. 144-49. Neste estudo, uma pesquisa com 300 mil estudantes descobriu que os participantes transexuais tinham quatro vezes mais probabilidade de sofrer de transtornos alimentares do que os demais estudantes. Ver também Varun Warrier *et al.*, "Elevated Rates of Autism, Other Neurodevelopmental and Psychiatric Diagnoses, and Autistic Traits in Transgender and Gender-Diverse Individuals", *Nature Communications* 11, n. 3959, 7 de agosto de 2020, https://www.nature.com/articles/s41467-020-17794-1. Este estudo com 600 mil adultos descobriu que adultos transgêneros e não-binários tinham entre três e seis vezes mais probabilidade de serem diagnosticados como autistas em comparação com adultos cisgêneros. Relatou ainda que os diagnósticos de depressão, transtorno de déficit de atenção e hiperatividade e transtorno obsessivo-compulsivo também eram elevados em adultos transgêneros e não-binários, em comparação com outros adultos.

Mais uma citação ajuda a resumir a importância de combater as histórias contadas pelo Caos. O historiador Christopher Dawson escreveu que "a sobrevivência de uma civilização depende da continuidade da sua tradição educacional".[7] A academia secularizada abdicou da sua vocação. Repudia a continuidade. Zomba do patrimônio ocidental. Na luta para se manter firme na Cruz em meio ao caos de hoje, os acadêmicos da contracultura são a primeira linha de defesa. Isto é verdade não só hoje, mas para aqueles que lerão o registro pós-revolucionário nas próximas décadas e séculos.

Esses acadêmicos de amanhã observarão com espanto, e talvez com pena, o atual pensamento mágico. Precisarão de fatos, números, argumentos e provas sobre os custos humanos da atual experiência de secularização.

Um dia, uma civilização re-evangelizada poderá contemplar o início do século XXI e tentar avaliar o seu caos. As pessoas do futuro compreenderão que a contracultura falou a verdade no vazio deste tempo e, num momento desafiante, deu voz aos que não tinham voz. À medida que o legado da rebelião contra a criação parece finalmente começar a convocar o escrutínio fora da Igreja Católica, essa civilização mais esclarecida talvez esteja mais próxima do que se poderia imaginar.

---

7 Christopher Dawson, *The Crisis of Western Education*, Washington, Catholic University of America Press, 2010, 5.

Agradecimentos

Agradeço em primeiro lugar ao Cardeal George Pell pelo gracioso prefácio. É um privilégio ter o seu incentivo e beneficiar-se de sua imensa sabedoria.

O Capítulo 1, "Mais paradoxos da Revolução Sexual", foi apresentado pela primeira vez como um discurso no Hillsdale College em 2018 e depois adaptado para publicação em *The Catholic Thing*. O epílogo, proferido pela primeira vez como um discurso à Sociedade de Cientistas Sociais Católicos, também foi publicado por *The Catholic Thing*. Sou grata a Robert Royal, editor de *TCT* e diretor do Faith and Reason Institute, por seu permanente apoio, e a Hannah Russo por sua assistência.

Os capítulos que foram adaptados de ensaios da revista *First Things* (com permissão) incluem "A nova intolerância", "Da revolução ao dogma: a zelosa fé do secularismo", "Os homens estão em guerra com Deus", "A fúria dos sem-pais" e "O poder profético da *Humanae Vitae*". Pelo incentivo, agradeço a mais dois amigos fiéis: o ex-editor Joseph Bottum e o atual editor R. R. Reno.

A versão original de "Duas nações revisitadas", Capítulo 5, apareceu pela primeira vez na edição de verão de 2018 da revista *National Affairs*; agradeço ao editor Yuval Levin e à equipe pela permissão para reimprimi-lo com alterações. O Capítulo 6, "Como a disparidade familiar afeta a liberdade no Ocidente", foi adaptado (com permissão) de um ensaio publicado na *Spectator World* em 30 de dezembro de 2020; agradeço ao editor Dominic Green por sua consideração. O Capítulo 8, "O fracasso do cristianismo *light*", foi adaptado de "Assisted Religious Suicide" , Capítulo 6 do meu livro de 2013, *How the West Really Lost God*; agradeço à Templeton Press pela permissão de reimprimi-lo. "Assisted Religious Suicide", por sua vez, foi adaptado (com permissão) da *First Things* e baseado em meu ensaio de 2010, "Cristianismo *light*". O apêndice, "O significado de *Dobbs*", reproduzido aqui (com permissão), apareceu pela primeira vez na *National Review* como "What the Nurses Knew".

Agradecimentos especiais a outro amigo, George Weigel, e aos professores e alunos do Seminário Tertio Millennio em Cracóvia, Polônia. Algumas das ideias deste livro começaram como palestras lá proferidas, especialmente o Capítulo 9, "O que causa a secularização?".

O dinâmico Centro de Informação Católica em Washington, D.C., onde ocupo a Cátedra Panula em Cultura Cristã, continua a construir a contracultura graças a Mitchell Boersma, Emma Boyle, Rosemary Eldridge, Cindy Searcy, Angelica Tom e o Pe. Charles Trullols. O mesmo acontece com outros amigos e colegas cujas conversas melhoraram estas páginas, entre eles Ryan T. Anderson, Susan Arellano, Jonathan e Paige Bronitsky, J. D. Flynn, Stanley Kurtz, Pe. Dominic Legge, Pe. Thomas Joseph White e Kathryn Jean Lopez, a quem este livro é dedicado com admiração.

Uma saudação a Benjamin Ranieri, que mantém meu trabalho *online* e outros trabalhos funcionando dentro do prazo e com entusiasmo. Também sou grata à indispensável Ignatius Press. Nem este livro, nem o anterior existiriam sem o incentivo e a liderança de Mark Brumley e Pe. Joseph Fessio, SJ, e a dedicação de Vivian Dudro, Eva Muntean e toda a equipe.

Meu marido e companheiro intelectual de várias décadas, Nicholas Eberstadt, que, assim como nossos filhos, suporta graciosamente a inconveniência do meu hábito de escrever. Que esta continuação e conclusão de *Adão e Eva* sugira novos rumos para os escritores que virão.

APÊNDICE

O significado de *Dobbs*

Como a maioria dos adultos hoje, mal me lembro da vida antes de *Roe vs. Wade*. Mas lembro-me do momento-relâmpago em que a nova ordem mundial se impôs como realidade. Certa noite, em 1973, minha mãe voltou do trabalho com algo brilhante na gola de seu engomado uniforme branco: um alfinete de prata representando dois pezinhos. Ela o usaria no hospital local a partir de então, explicou, assim como algumas das outras enfermeiras. Os distintivos sinalizavam sua recusa em participar de abortos — palavra que ouvi pela primeira vez naquela noite.

Não era uma associação de pessoas católicas. Eram enfermeiras, ponto final: profissionais de saúde em um hospital de uma pequena cidade no interior do estado de Nova York. Elas sabiam, dos seus turnos nas enfermarias de parto e maternidade, que o que crescia dentro de uma mulher grávida não era mero "aglomerado de células". Muito antes de a ultrassonografia resolver a questão para sempre, enfermeiras, médicos, doulas e outras pessoas com experiência em lidar com gestações e partos *sabiam*.

Seria necessária uma campanha massiva de doutrinação por parte das instituições mais elitistas do país, e uma impressionante cumplicidade, para tentar obliterar esse conhecimento. Tribunais e universidades, escolas médicas e o jornalismo respeitado, Hollywood e as artes, criadores de tendências e influenciadores: todos se juntaram para encarar o desafio. Seria necessária uma falsificação cultural do tipo mais vigoroso e egoísta para trocar o que as enfermeiras sabiam por uma sequência de mentiras descaradas: *a violência contra o nascituro é um direito humano. Mães e filhos são inimigos naturais. A carreira vem em primeiro lugar. Meu corpo, minhas regras.*

Dada a escala desse projeto de reeducação, não é de se admirar que tantos tenham passado a acreditar na podridão. À medida que as décadas avançavam e a pilha de rejeitados crescia, e os corações e mentes empenhados em sua defesa permaneciam majoritariamente fora da sociedade outrora educada, cada vez mais jovens americanos passaram a desconhecer *qualquer coisa* além do evangelho segundo *Roe*. Um por um, os seus líderes curvaram-se diante do ídolo da conveniência. O mesmo aconteceu com muitos de seus pais, às vezes até mesmo com suas igrejas. Coube a camelôs do egoísmo como Hugh Hefner tomar a iniciativa cultural, normalizando a noção de que o assassinato é uma solução sofisticada para um problema.

Isto nos leva ao primeiro significado extralegal da sentença do caso *Dobbs*: as gerações educadas por *Roe* foram enganadas, em grande parte, a começar pela opinião majoritária. A lei, como se repete notoriamente, é mestra. *Roe* ensinou cientificismo, expurgou a história e desnudou a vontade atrelada a uma lógica defeituosa. *Dobbs*, num extraordinário contraste, ensina direito constitucional e história com uma razão rigorosa e intransigente. A sentença diz, com efeito: "Este tribunal e este país tomaram um rumo errado há quase cinquenta anos". De agora em diante, as gerações enganadas por *Roe* poderão entender perfeitamente esse engano: culpa do tribunal, não deles.

Sim, uma minoria clamorosa agarra-se amargamente à licença de ontem. Em alguns estados, o aborto continuará como antes — talvez até aumente. As empresas afirmam que farão o que for necessário para manter as suas funcionárias: subsídio ao aborto, ao congelamento de óvulos e tudo o que for necessário para fazer a mulher da empresa ficar mais parecida com um homem. Mesmo assim, os defensores da escolha agora terão de fazer o que não lhes foi cobrado durante meio século: declarar-se transparentemente em praça pública. Os esclarecimentos irão adicionar mais transparência às discussões futuras, sendo, portanto, outra mudança para melhor.

Um segundo sentido de *Dobbs* é igualmente estimulante. Se, sob a égide da Constituição, verificar-se que o aborto sob demanda exige uma segunda análise, então poder-se-á esperar uma segunda análise relacionada com a atual experiência americana. Estas incluem não apenas o escrutínio de outros casos que envolvam o devido processo legal, conforme recomendado na ratificação do Juiz Clarence Thomas. Já somos devedores de um novo pensamento crítico sobre a sociedade em geral depois de *Roe*, incluindo um discurso claro sobre tudo o que as revoluções sociais pós-década de 1960 forjaram.

Pelo amor de Deus, vejamos nossa posição. Sessenta e três milhões de abortos desde 1973. Sessenta e três milhões de seres humanos impedidos de se transformarem em bebês e crianças pequenas, adolescentes e adultos; de encher parques infantis, trabalhar e casar, confortar pais idosos; de enriquecer a vida de irmãos, primos e amigos; de desfrutar de seus próprios filhos; de derrotar, por sua própria existência, os estragos daquela maldição singularmente letal da era de *Roe*: a solidão.

Vejamos nossa posição — o alardeado mundo "mais livre", "melhor", em cujo nome o preço de *Roe* foi empenhado. Este mundo caminha rumo à entropia. Durante os últimos anos, a expectativa de vida americana caiu pela primeira vez na nossa história. Drogas que anestesiam a vida e a consciência percorrem a praça pública. Privados de um círculo de pessoas atenciosas em suas vidas, por motivos que incluem uma sequência de abortos, alguns de nós apresentam as patologias observadas pelo psicólogo Harry Harlow em animais socialmente isolados, mencionadas no Capítulo 4: agressão e disfunção. Livres de si mesmos, eles estão em um abismo existencial.

As variedades clínicas do que costumava ser chamado de "loucura" continuam aumentando, especialmente entre os jovens. E agora os descendentes selvagens de uma era selvagem despejam nas ruas uma violência sem precedentes. Praticamente todas estas almas possuem árvores genealógicas interrompidas — outra praga que o aborto sob demanda, com os seus milhões de subtrações humanas, ajudou a tornar possível. A barbárie em relação às coisas pequenas gera a barbárie em relação às coisas maiores. Quem pode duvidar que o desenfreado desprezo à criação consagrado por *Roe* e *Casey* carrega parte da culpa difusa?

Terceiro, *Dobbs* traz uma reparação histórica para milhões de pessoas que nunca a esperaram: as pessoas que militam no movimento pró-vida. São aqueles padres e freiras, avós e pais, crianças e adolescentes; aquelas pessoas de todos os lugares com seus carrinhos, andadores e cadeiras de rodas; aqueles médicos e enfermeiros da contracultura; aqueles penitentes e refugiados da Revolução Sexual; aqueles americanos de todas as cores e lugares que fizeram desta irmandade a principal associação católica a cuidar da criação com c minúsculo nos Estados Unidos. Cada um destes soldados sabe agora em seu coração algo até então aceito com fé cega: os sacrifícios valeram a pena — todos eles.

Cada tênis e meias congeladas em marchas pelo National Mall no frio de janeiro. Cada longa e tediosa viagem que qualquer pessoa tenha feito pela Causa, a qualquer lugar. Cada oração pelos inocentes, e também pelos seus pais, lançada cegamente no cosmos. Cada fralda e cada centavo enviado para centros de cuidados gestacionais. Cada palavra proferida ou escrita em nome dos indefesos. Todas as noites sem dormir ou horas de vigília gastas cuidando de um bebê, esperando um adolescente voltar da rua, organizando uma adoção, acompanhando uma mulher em trabalho de parto, entregando refeições para novas famílias. Todos esses atos espontâneos, visíveis ou invisíveis, *contaram*, assim como cada alfinete de prata representando pés minúsculos.

Dobbs também produz um quarto significado, desta vez para a política. Nas batalhas entre os que creem que, sem novos acordos radicais, os Estados Unidos não têm mais jeito e aqueles que pensam diferente, um vendaval de estímulo acaba soprar na direção destes últimos. Hamilton, Madison e Jay passaram. O federalismo que continua a ser uma das maravilhas do mundo político foi concretizado. Isso aconteceu de uma forma que muitos, desde *Roe*, não esperavam que voltasse a acontecer.

Assim como *Roe* fez antes, essa última lição irá ultrapassar os parlamentos norte-americanos e chegar aos tribunais e parlamentos de todo o mundo. Durante anos, os países baseados na mesma civilização cansaram-se do seu passado tradicionalista e ansiaram por um lugar na mesa dos jovens no Ocidente. Ultimamente, vários deles aprofundaram leis nacionais anteriores que proibiam e limitavam o aborto. Agora, o tribunal mais proeminente do mundo declarou que a lei não deve sancionar a destruição dos nascituros. É verdade que do exterior ainda trovejam recriminações — por enquanto. Mas a alegação de que a legalização do aborto coloca uma nação no canto mais sofisticado da história foi minada. Sem dúvida, as dúvidas suscitadas por *Dobbs* não se limitarão às fronteiras dos Estados Unidos.

Quinto, como foi dito com sinceridade e *ad infinitum* desde o vazamento do rascunho de sentença em maio, *Dobbs* quer dizer que o movimento pró-vida deve se movimentar para acomodar novos feitos — mais cheques a serem preenchidos; mais ajuda jurídica *pro bono*; mais terapia para famílias frágeis; mais tetos para abrigar cabeças inocentes; mais opções de adoção; mais atenção aos lares de acolhimento; mais tempo gasto em prisões e outros lugares, ajudando pais ausentes e distantes a se tornarem pais. Em uma palavra, mais amor.

Também sugere espaço para iniciativas do outro lado da questão: a dissuasão. Graças a *Roe*, durante muito tempo, homens com as piores intenções desfrutaram de uma carta branca para se comportarem de maneira cruel. Essa permissão cultural parece agora mais instável do que há cinquenta anos. Só para começar, em nome de uma compaixão renovada pelas mulheres, que tal duplicar as penas para a posse de drogas utilizadas para cometer estupros e impor penas obrigatórias para a sua aplicação? E endurecer as leis de paternidade e pensão alimentícia em todos os estados? E olhar mais de perto uma indústria comercial de barrigas de aluguel que trata mães como animais domesticados e bebês como produtos de luxo? Aliás, se a América está realmente mais séria do que nunca em relação à redução dos riscos de gestações inesperadas, que tal finalmente regulamentar o principal professor de brutalidade contra as mulheres: a pornografia na *internet*?

O longo carnaval nacional inaugurado por *Roe vs. Wade* acabou. O desfile foi prodigioso. Quase todos os adultos agora vivos compareceram à festa em algum momento. Mas o que as forças por trás de *Roe* nunca reconheceriam, e as forças por trás de *Dobbs* reconhecem, é o que essa experiência provou, no fim das contas. Existe um chão. Existe um nível abaixo do qual homens e mulheres não podem afundar, em nome da autonomia, sem cair num buraco. E graças ao Supremo Tribunal, os Estados Unidos foram agora mais uma vez retirados das profundezas. Isto não é apenas algo positivo, mas também um grande feito, digno de ser celebrada, homenageado e transmitido com orgulho, como todas as libertações da escravidão, por mais que seja parcial.

Venha, então, o futuro pós-*Dobbs*. Que os eleitores de todos os estados comparem a imagem da ultrassonografia às fantasias dos abortistas. Que todos que aprenderam da maneira mais difícil as verdades do legado de *Roe* agora perdoem, inclusive a si mesmos, e sigam em frente. Que os Zoomers, os Millennials e outros americanos prejudicados pelo colapso da família e da comunidade conheçam a verdade: a vida é boa. Novas vidas são maravilhas. Que os bebês de amanhã façam o que os bebês fazem, algo perdido pelos americanos marcados pelos efeitos de *Roe*: humanizar as pessoas ao seu redor. E que o trabalho contínuo e manifestamente amoroso do movimento pró-vida venha a abrandar os corações dos oponentes e reacender algo que tantos, depois de 1973, pensavam estar praticamente extinto pela lei: a misericórdia. A misericórdia.

Biografia da autora

Mary Eberstadt ocupa a cátedra Panula em Cultura Cristã no Catholic Information Center, em Washington, D.C., e é pesquisadora no Faith & Reason Institute. Escritora americana cujas obras passam por diversos gêneros, tem romances, ensaios e palestras publicados e traduzidos para diversos idiomas, transitando pelas áreas da antropologia, história intelectual, filosofia, cultura popular, sociologia e teologia. Dedica-se, particularmente, à discussão de questões relativas à filosofia e à civilização ocidental, assim como ao destino e aspirações do homem pós-moderno.

Publicou, em 2012, *Adam and Eve after Pill: Paradoxes of the Sexual Revolution* (editado em 2019 pela Quadrante como *Adão e Eva depois da pílula: os paradoxos da Revolução Sexual*); *Primal Screams: How the Sexual Revolution Created Identity Politics* (2019); *It's Dangerous to Believe* (2016); *How the West Really Lost God* (2013), entre outros.

Mary é casada com o autor Nicholas Eberstadt, com quem tem quatro filhos, e vive em Washington, D.C. Uma de suas citações preferidas é: "Manuscritos não queimam", eternizada no romance *O mestre e Margarida*, de Mikhail Bulgákov.

Aos curiosos se adverte
que este livro foi impresso
em papel offset 75 g/m²
e a capa em papel cartão 250 g/m²
para a Quadrante Editora, de São Paulo,
no início de 2025.

OMNIA IN BONUM